AF452727

RÉPONSES
DU COMTE D'ACHÉ,

AU Mémoire du Comte de Lally, intitulé : *Vraies causes de la perte de l'Inde*, & aux Notes jointes par lui aux Lettres qu'il rapporte comme prétendues Pieces justificatives.

LE Comte de Lally a beau varier la forme de sa défense, il ne persuadera jamais la **vérité** des imputations calomnieuses qu'il répand contre le Comte d'Aché. Ce Chef d'Escadre n'a dit dans ses Mémoires, que la vérité ; il ne dira jamais qu'elle, & ne peut tenir **que** le même langage.

Le corps du Mémoire auquel le Comte d'Aché répond, ne contient que les mêmes imputations dont ce Chef d'Escadre se flatte d'avoir démontré la fausseté. Pour les rendre plus frappantes le Comte de Lally à l'art de les réunir, de les resserrer dans des remarques au bas de quelques lettres qu'il rapporte. Ces mêmes Lettres dont le Comte de Lally change

A

le fens , auxquelles il veut faire dire ce qu'elles n'ont jamais dit, vont fournir au Comte d'Aché de nouvelles armes contre fon agreffeur.

Le Comte de Lally croit qu'on ne fe perfuadera jamais que le même homme qui lui a fait politeffe dans la gallerie de Verfailles à fon arrivée, ait repouffé fes calomnies par des vérités accablantes. On eft convaincu que le Comte de Lally eft dans l'ufage de déguifer tous les faits. Le Comte d'Aché va rétablir celui-ci.

Le Comte d'Aché rencontre dans la gallerie de Verfailles le Comte de Lally. Ils s'abordent tous deux. Le Comte d'Aché l'embraffe , & ne lui a jamais tenu le propos que le Comte de Lally invente pour rendre la fcêne plus touchante. Le Comte d'Aché naturellement bon , fans fiel, avoit oublié tout ce qui s'étoit paffé dans l'Inde entre le Comte de Lally & lui, & même depuis fon retour de l'Inde on n'a jamais entendu dans aucune fociété, dans aucun cercle, le Comte d'Aché dire un feul mot de ce qui concernoit cette expédition. Ce n'eft que depuis qu'il s'eft vu inculpé par le fait & les dénonciations du Comte de Lally, qu'il a cru devoir, pour fa juftification, rendre la vérité publique, mais fans jamais la rendre perfonnelle. L'honnêteté de conduite annonce l'innocence & la pureté d'une confcience tranquille.

Le Comte de Lally au contraire abufant du filence & de la fécurité du Comte d'Aché, préparoit par des menées fourdes & ténébreufes, le fuccès qu'il fe promettoit des calomnies qu'il répand aujourd'hui avec éclat contre le Comte d'Aché. Il nourriffoit par des mémoires artificieux dans l'efprit des Miniftres les préventions qu'il avoit commencé à faire naître pendant fon féjour aux Indes contre ce Chef d'Efcadre. Il comptoit parvenir ainfi à écrafer le Comte d'Aché des ruines de Pondichery.

Le Comte d'Aché tranquille au milieu de l'orage, a attendu le calme fans s'émouvoir. L'impofture n'a qu'un tems. Son preftige ceffe quand la vérité peut fe faire entendre. Le Comte d'Aché fe trouve enfin dans ce moment heureux, & qu'il a tant défiré.

PREMIERE LETTRE

Du Chevalier de Monteil, Major de l'Efcadre.

A bord du Zodiaque ce 29 Avril 1758.

MONSIEUR,

»' Notre Général me charge d'avoir l'honneur de
» vous écrire pour vous demander, de fa part, que
» vous ayez la bonté de donner les ordres les plus
» preffans pour fecourir l'Efcadre. Nous allons laif-
» fer la *Silphide* auprès du *Bien-Aimé*, & appareil-
» ler le plûtôt poffible pour nous haler dans le vent
» & gagner Pondichery à bout de bordées. *Les En-*
» *nemis ont paru n'en vouloir plus, auffitôt que le*
» Comte de Provence *& la* Diligente *ont commencé*
» *d'être à portée ;* mais plufieurs de nos Vaiffeaux
» ont trop arrivé, & malgré tous nos fignaux, *ils*

» n'ont pas fait affez d'attention à la manœuvre de
» notre Général, dont l'intention étoit toujours de te-
» nir le vent. Au furplus, ayant fait fignal de mouiller
» cette nuit, & le *Bien-Aimé* faifant l'arrière-garde,
» nous ne concevons pas, & cela paroîtra incroyable,
» que ce Vaiffeau ait été à la côte au lieu de mouil-
» ler plus au large. Sans cela M. d'Aché n'auroit eu
» que des fujets de fatisfaction , *puifque l'ennemi*
» *avoit été bien chauffé malgré fes avantages, foit du*
» *vent , foit par la groffeur de fon artillerie , foit par*
» *les fautes de la divifion dont le Chef étoit à Pondi-*
» *chery.* Quoiqu'il en foit le Vaiffeau du Roi a été
» extrêmement maltraité. Il eft bien néceffaire que
» l'on nous donne du fecours en hommes, en eau ,
» en vivres & en rafraichiffemens.

    » J'apprens que M. de Breteuil va à Pondichery ,
» il vous dira nos particularités & nos accidens.

    » Je fuis , *Signé* MONTEIL , Major de l'Efcadre.

Au bas de cette Lettre eft écrit de la propre main du
Comte d'Aché.

    » Je fuis excédé de fatigue ; la faute du Capitaine
» du *Bien-aimé* qui a perdu fon Vaiffeau, dont je ne
» puis comprendre la manœuvre , m'accable dans le
» moment. J'efpére encore , mais foiblement. Les
» pauvres la Bourdonnais & Dupleffis ont été tués ;
» mes deux neveux, Senneville, Derffe, & mes trois
» Gardes de la Marine, bleffés ; le petit Guy la jam-

» be emportée : en voilà assez. Je vous embrasse de
» tout mon cœur. *Signé*, D'ACHÉ. «

REMARQUES *du Comte de Lally.*	*REPONSES* *du Comte d'Aché.*

<table>
<tr>
<td>

Dans cette Lettre écrite d'abondance de cœur immédiatement après le combat que le Comte d'Aché venoit d'essuyer en paroissant à la côte, toute sa plainte paroît porter sur la manœuvre du Capitaine du Vaisseau le *Bien-Aimé* qui s'est pleinement justifié, ainsi que sur celle de plusieurs Vaisseaux de son Escadre qui ont trop arrivé. Il ne se plaint point du retard du *Comte de Provence* & de la *Diligente*. Il dépose cependant aujourd'hui que le Comte de Lally & le Sieur de Leyrit avoient signé conjointement un ordre au Capitaine du *Comte de Provence*, de ne point joindre l'Escadre qu'il n'eût déposé à terre les balots du Régiment de Lally. Le Comte de Lally a demandé cet ordre à sa confrontation avec le Comte d'Aché. Le Comte d'Aché a dit qu'il n'en avoit qu'une copie. Le Comte de Lally a demandé cette copie, & le Comte

</td>
<td>

1°. La Lettre est du Major. Le Post-scriptum seul est du Comte d'Aché.

2°. Cette phrase, *les Ennemis ont paru n'en vouloir plus aussitôt que le* Comte de Provence & *la Diligente* ont commencé d'être à portée, prouve que les Ennemis se sont retirés à l'approche de ces 2 Vaisseaux. Elle prouve que s'ils avoient été réunis à l'Escadre au commencement du combat, l'événement ne pouvoit qu'en être différent en bien.

3°. Ce Major parle de plusieurs Vaisseaux qui ont trop arrivé, & qui n'ont pas fait attention à la manœuvre du Général, qui étoit dans l'intention de re-

</td>
</tr>
</table>

d'Aché n'a pu la produire.   nir le vent. C'eft une preuve que le Comte d'Aché ne regardoit pas l'affaire comme finie. Les Anglois avoient l'avantage du vent. Il falloit le vent pour conferver fa place. Il n'eft pas poffible à une Efcadre qui eft fous le vent d'aller à celle qui eft au vent. Celle qui eft au vent au contraire peut arriver tout court fur celle qui eft fous le vent. Les Anglois ont repiqué dans le vent, au lieu d'arriver fur le Comte d'Aché, que le Comte de Lally prétend avoir été battu ; cette Lettre & la manœuvre des Anglois prouvent donc au contraire que ce font eux qui fe font retirés, qui ont par conféquent été battus, & qui l'auroient été plus vivement fi ces deux Vaiffeaux avoient été au combat.

4°. Ce Major dit que le Général n'auroit eu que de la fatisfaction, que l'Ennemi avoit été bien chauffé malgré fes avantages. Il les détaille & y comprend *les fautes de la divifion dont le Chef étoit à Pondichery*. Si ce Chef eût été à fon pofte, cette divifion n'auroit pas fait les mêmes fautes. Ces fautes n'auroient pas ajouté aux avantages que l'Ennemi avoit déja. Cette Lettre contient donc des plaintes tacites de l'abfence du *Comte de Provence* ; elle ne contient point des reproches perfonnels au Comte de Lally, parce qu'on n'étoit point encore inftruit de ce qui l'avoit retenu à Pondichery, & par conféquent que ce fût du fait du Comte de Lally.

Cette Lettre prouve que la retenue de ces Vaiffeaux à Pondichery avoit caufé un préjudice confidérable à l'Efcadre. Cette retenue procéde du fait du Comte de Lally , la copie de l'ordre dépofé au Greffe de la Cour ne laiffe aucun doute à cet égard ; cette Lettre prouve donc que ce n'eft qu'au Comte de Lally qu'on doit imputer le prétendu défavantage de ce combat.

Le poft-fcriptum de la main du Comte d'Aché contient un détail fort court, que malgré fa fatigue il croit devoir au Comte de Lally par égard. On n'en peut rien conclure. Il finit par une réticence. *En voilà affez*. Lui feul peut en dire le motif. Lui feul le fçavoit. Il ne parle pas de l'abfence du *Comte de Provence* , fon Major en avoit affez dit. Le Comte d'Aché comptoit le lendemain en punir le Capitaine. Cela ne regardoit pas le Comte de Lally , qu'on ne foupçonnoit pas d'y avoir part. Ce Capitaine fe rend le lendemain à bord du *Zodiaque* , il fe juftifie par l'ordre dont il remet copie au Major. Le Comte d'Aché le réprimande & ne le punit pas , parce que cela auroit fait un éclat qui eût brouillé les deux Généraux. L'union , l'accord , le concert étoient néceffaires en:r'eux ; c'étoit de l'harmonie que dépendoit le fuccès des opérations dont ils étoient chargés. Le mal fait étoit fans reméde. Il falloit prévoir à ce qu'il n'en réfultât pas un plus grand. C'eft donc au bien du fervice que le Comte d'Aché a facrifié dans ce moment ce qu'il devoit à ce même bien du fervice.

Le fait eft qu'il ne pou-   Le fait eft que le Comte

voit pas y avoir un balot appartenant au Régiment de Lally dans ce Vaisseau.

Le fait est que le Comte d'Aché en prenant langue à Karikal n'y a eu aucune nouvelle de l'Escadre Angloise, qu'on ignoroit également à Pondichery que cette Escadre fût à la côte.

Que le Comte d'Aché ne vouloit pas débarquer le Comte de Lally dans son Vaisseau, qui étoit un Vaisseau du Roi, pour ne pas arborer un certain Pavillon dû au Gouverneur lorsqu'on débarque dans son Gouvernement ; que le Comte d'Aché en avoit prévenu le Comte de Lally dès sa premiere relàche à Rio-Janeiro ; que le Comte de Lally regardoit le fait comme très-indifférent , quoiqu'il l'eût mandé au Ministre dès Rio-Janeiro ; que le Comte d'Aché a débarqué en conséquence le Comte de Lally à l'Isle de France dans une Chaloupe.

d'Aché n'est jamais entré dans le détail de ce qu'il pouvoit y avoir dans ce Vaisseau , qu'il l'ignoroit, & qu'il n'a appris qu'à Pondichery qu'il y avoit environ 120000 l.

Le fait est que le Comte d'Aché a été trompé ; le fait du P. S. Estevan, attesté par plusieurs témoins, le constate.

Les Ordonnances de la Marine prescrivent les Pavillons que chaque Commandant de Vaisseaux doit porter suivant son grade. Un Maréchal de France , passager sur un Vaisseau, ne peut le faire changer sans un ordre exprès du Roi. La présence de l'Amiral seul peut faire changer le Pavillon du Vaisseau sur lequel il s'embarque, quoiqu'il n'y fût que passager, parce qu'il est toujours sensé commander à la mer partout

tout où il eſt, c'eſt une des prérogatives de cette
Charge. Le Pavillon dont il eſt ici queſtion eſt la
marque diſtinctive du grade de l'Officier qui com-
mande une Eſcadre. Le Comte de Lally, Lieutenant
Général, prétendoit que le Comte d'Aché devoit
ſubſtituer à la Cornete qu'il portoit, ſigne du grade
de Chef d'Eſcadre, le Pavillon Quarré ſigne de celui du Comte de Lally. On voit par cette prétention que le Comte de Lally avoit celle de commander à la mer, lui qui dit, page 29 de ſon Mémoire
in-4°., que le Roi n'avoit pas laiſſé à ſa diſpoſition
une Chaloupe de la Compagnie. Il n'étoit que paſſager
à bord du Comte d'Aché. Il n'eſt dû ſur les Vaiſſeaux
aux Gouverneurs, même dans leur Gouvernement,
que les honneurs de prendre les armes, faire battre la
caiſſe ſuivant leur grade, & des ſaluts de politeſſe.
Tout cela étoit indifférent au Comte de Lally, &
dès Rio-Janeiro il s'en plaint au Miniſtre. Cette démarche dément bien ce qu'il dit. Mais dans quel tems
ſe plaint-il au Miniſtre ? L'abſurdité des prétentions
du Comte de Lally avoient occaſionné dans le Vaiſſeau pluſieurs tracaſſeries. Il y avoit eu de part &
d'autre des motifs de mécontentement. Le Comte
d'Aché craignant que les Miniſtres inſtruits de ces
miſéres n'appréhendaſſent que cela n'influât ſur l'expédition, propoſe au Comte de Lally d'écrire en
commun pour les perſuader de leur union. Le Comte
de Lally ſigne la Lettre, & il écrit en particulier
contre le Comte d'Aché. Voilà l'homme. Lorſque

B

l'Efcadre eut mouillé fous Goudelour, le Comte de Lally exigea du Comte d'Aché de lui donner le *Comte de Provence* & la *Diligente* pour le conduire à Pondichery, en alléguant fon grade & fes qualités portées dans fes provifions. Auffi-tôt que le Comte de Lally a été fur le *Comte de Provence*, il a fait arborer à ce Vaiffeau pavillon quarré au grand mât. L'Amiral feul a le droit de le porter. C'eft apparemment ce *certain Pavillon* qu'il prétend dû au Gouverneur dans fon Gouvernement; prétention auffi abfurde que ridicule. Refufera-t-on de croire après ces détails, après ce que le Comte de Lally dit lui-même, qu'il a exigé le *Comte de Provence* du Comte d'Aché.

Le Comte de Lally reproche au Comte d'Aché de l'avoir débarqué à l'Ifle de France dans une Chaloupe. Tout le monde fait qu'on ne peut aller à bord d'un Vaiffeau de guerre qui tire trop d'eau, pour être tout à terre, qu'avec un Canot ; qu'on n'en peut débarquer qu'avec un Canot, & que ce même Vaiffeau ne peut mettre à terre pour débarquer fes paffagers. MM. du Confeil de l'Ifle de France auroient dû apparemment faire faire un pont de bateaux pour débarquer le Comte de Lally directement du Vaiffeau à terre.

Enfin, le fait eft que le Vaiffeau le Comte de Provence avoit ordre d'attendre l'Efcadre qui comptoit mouiller le lendemain à Pondichery.	Le fait eft faux, le Comte de Provence devoit rejoindre l'Efcadre auffi-tôt qu'il auroit eu débarqué le Comte de Lally. L'Efcadre

devoit refter mouillée à Goudelour. Le Comte de Lally en va donner la preuve.

Que le Comte de Lally & le Comte d'Aché avoient concerté une opération fur Goudelour pour le lendemain, & que le lendemain le Comte d'Aché a été furpris par l'Efcadre Angloife.

Si le Comte d'Aché, mouillé fous Goudelour, avoit concerté avec le Comte de Lally une opération fur cette Place, il ne devoit donc pas aller le

lendemain à Pondichery. Il fe feroit éloigné de Goudelour à quatre lieues fous le vent. On ne peut pas fe contredire plus complétement.

On ne voit pas pourquoi le Comte d'Aché ufe de tous ces fubterfuges pour déguifer un fait connu de toute l'Inde, un fait mandé dans le tems à la Cour. Si le Comte d'Aché eût foupçonné un feul Vaiffeau de guerre ennemi à la Côte, il n'eût pas donné un Canot au Comte de Lally, & il eût eu raifon ; & fi le Capitaine du Comte de Provence eût ignoré fon devoir, au point d'obéir aux ordres du Comte de Lally & du fieur de Leyrit, quand fon Chef lui en donnoit de contraires, le Comte d'Aché eût mis ce Capitaine au Confeil de guerre, & il eût mérité la mort. D'ailleurs, ce Capi-

Le Comte d'Aché n'ufe point de fubterfuges, il ne les connoît pas. Il pofe un fait, & le prouve. Le Journal du fieur Gotho, dépofé au Greffe de la Cour, conftate que le Comte d'Aché a envoyé le 29 Avril 1758, ordre au Comte de Provence d'appareiller fur le champ pour le joindre ; l'ordre dont copie eft également dépofée, conftate que le Comte de Lally & le fieur de Leyrit ont donné ordre à ce Vaiffeau de

taine dans Pondichery n'empêchoit pas le fecond Capitaine qui commandoit le Vaiffeau d'obéir aux fignaux de fon Amiral. Un Lieutenant Colonel, en préfence de l'ennemi, n'attend pas que fon Colonel foit arrivé du Quartier Général pour charger cet ennemi avec fon Régiment. Peut-on employer de pareilles abfurdités !

remettre tous les effets dont il étoit chargé pour Pondichery ; que cet ordre n'y a été porté qu'à midi. Voilà des faits établis, conftatés par des piéces. Qui des deux, du Comte de Lally ou du Comte d'Aché ufe de fubterfuges ? On peut aifément le décider. Le Comte d'Aché a dit plus haut pourquoi il n'a pas mis le Capitaine du Comte de Provence au Confeil de guerre. Le fecond Capitaine ne pouvoit prendre fur lui de faire appareiller le Vaiffeau, il n'en avoit pas l'ordre du Comte d'Aché, fans lequel il ne pouvoit le faire. Le Zodiaque étoit le Quartier Général pour le Capitaine du Comte de Provence, & non Pondichery. Cette expreffion dont fe fert le Comte de Lally, eft une preuve de la façon dont il penfoit fur l'Efcadre.

Le Comte de Lally prononce lui-même fon Jugement, en décidant de la peine que devoit fubir le Capitaine de Provence. C'eft le Comte de Lally qui l'a retenu, c'eft lui qui eft le vrai coupable. Il l'eft en effet d'autant plus, qu'au lieu de retenir ces deux Bâtimens, il devoit les preffer d'appareiller.

Toutes les remarques du Comte de Lally, fur les Lettres fuivantes, ne font pas plus heureufes.

LETTRE II.

A Pondichery, le 18 Mai 1758.

« Prenons courage, mon cher Général, & tout
» ira felon nos defirs. Vous prendrez le Fort Saint-
» David, & enfuite ·nous prendrons des mefures
» pour nous rendre maîtres de la mer. Tout ce que
» je trouve de terrible, eft que nous ne puiffions
» nous aider réciproquement. Pour moi, j'attends
» les Ennemis, & dans ma trifte fituation, je les re-
» cevrai encore, & vous pouvez compter que nous
» ferons l'impoffible pour les faire repentir de leur
» audace. Je fais armer nos batteries de mon mieux;
» mais nous avons douze cens quatre-vingt-quatorze
» hommes aux Hôpitaux, & parmi les habitans des
» Vaiffeaux, il y en a encore qui auroient befoin d'y
» être : n'importe, tout ira bien ; prenez vîte votre
» Citadelle, & que je vous embraffe à votre retour.
» Je ferai part de votre Lettre à M. de Leyrit. Mes
» complimens à tous vos Meffieurs. Adieu, mon
» cher Général, je deftine la Diligente pour vous
» porter des effets à Goudelour ; je vous prie de la
» faire décharger vîte, & de me la renvoyer auffi-
» tôt. *Signé*, D'ACHÉ. »

REMARQUE.

Cette Lettre est écrite douze jours après le débarquement du Comte d'Aché à Pondichery. Elle n'annonce certainement pas le projet qu'il avoit proposé 12 autres jours après au Comte de Lally d'aller attaquer l'Escadre Angloise sous Madras ; elle annonce même son impuissance d'y marcher, le nombre précis de 1294 Matelots aux hôpitaux ne pouvoit assurément pas être remplacé par deux mille Soldats au plus, dont l'armée du Comte de Lally étoit composée, & qui n'étoient pas Matelots. L'on verra par la suite que toutes les fois que le Comte de Lally offroit des Soldats au Comte d'Aché pour le seconder dans les opérations mixtes qu'il lui proposoit, ce même Comte d'Aché lui objectoit toujours qu'il lui falloit des Matelots & non des Soldats.

RÉPONSE.

Cette lettre n'a rien de commun avec la proposition que le Comte d'Aché a faite au Comte de Lally, le 4 Juin seize jours après, d'aller à Madras. Le Comte d'Aché a mouillé à Pondichery le 7. Le 18 onze jours après, il peint son état, qu'en résulte-t-il ? Que le 18 Mai l'Escadre n'étoit pas en état de sortir faute d'hommes. Mais cela prouve-t-il que le 4 Juin seize jours après, elle ne pouvoit pas tenir la mer ? Elle y étoit. Elle venoit de voir l'ennemi qui s'étoit retiré ; elle étoit mouillée devant Saint-David, dont le Comte de Lally venoit de se rendre

maître. Ce qu'elle faisoit alors, prouve donc la fausseté de la conséquence que le Comte de Lally veut tirer de cette lettre. Voici la réponse du Comte de Lally à cette lettre. Je plains bien votre situation,

mon cher Amiral, & c'eſt une malheureuſe conſola-
tion à vous donner, que de vous repréſenter la mienne......... Nous ſommes à plaindre l'un & l'autre, & je
ne vois qu'un coup du Ciel qui puiſſe nous en tirer.
Cette réponſe s'accorde-t-elle avec ce que le Comte
de Lally dit aujourd'hui ? Le Comte d'Aché dit, nous
prendrons des meſures pour nous rendre maîtres de
la Mer. Il falloit l'être pour aller à Madras ; donc il
ſongeoit à marcher ſur cette place.

LETTRE III.

A Pondichery, le 28 Mai, à trois heures après midi.

« Vous verrez, mon cher Général, par les Dé-
» putés du Conſeil tenu ce matin, la ſituation de ma
» malheureuſe Eſcadre, & les beſoins que nous au-
» rions de ſecours prompts & efficaces. Je ſens, mon
» cher Général, votre poſition, mais la mienne eſt
» bien plus fâcheuſe ; & ſi mon Eſcadre eſt en dé-
» route, vos affaires en deviendront plus embarraſ-
» ſantes : ainſi voyez ou ce que vous pouvez faire,
» ou ce que vous penſez, ou ſi enfin vous eſpérez
» d'être bien-tôt maître de Saint - David, pour mè
» mettre en état d'aller au-devant des ennemis, qui,
» ſi j'étois en poſture, ne feroient pas tant les mar-
» janſſes. Adieu, mon cher Général, aimez-moi tou-
» jours. *Signé*, D'ACHÉ ».

REMARQUES.

Cette lettre confirme l'impuiſſance déja alléguée par le Comte d'Aché, de prendre la Mer. Elle eſt ſoutenue d'une délibération du Conſeil mixte que le Comte d'Aché a aſſemblé, pour s'autoriſer à s'emboſſer ſous le canon de Pondichery, & y attendre l'ennemi.

Deux Députés ſont partis de Pondichery pour faire part de cette réſolution au Comte de Lally, qui ſur le champ s'eſt tranſporté dans la nuit avec 400 Européens & 200 Noirs à Pondichery. Il y a raſſemblé le Conſeil; il y a fait caſſer par ce même Conſeil ſa honteuſe Délibération de la veille; & ſur le refus du Sr

RÉPONSE.

Le manque d'hommes mettoit l'Eſcadre hors d'état de ſortir. M. d'Aché ſollicitoit pour en avoir. Sur ſes demandes on aſſemble le Conſeil qui délibere, N°. 15, que l'Eſcadre reſtera emboſſée, & qu'on enverra au Comte de Lally des Députés du Conſeil & de la Marine, pour l'engager à donner des hommes à l'Eſcadre. Ce fut ſi peu le Comte d'Aché qui deſiroit de reſter emboſſé, que voici ſon avis au Conſeil. Sur l'expoſé ci-deſſus, mon avis eſt que l'on me donne du monde, & de me mettre dans le cas d'aller chercher l'ennemi. *Signé*, D'ACHE'. Eſt-ce là l'avis d'un Général qui vouloit reſter emboſſé ſous Pondichery ?

Le Comte de Lally ne fit point caſſer cette Délibération qu'il prétend honteuſe. On avoit retiré 700 hommes des Hôpitaux. M. de Leyrit avoit donné à la Flotte 260 Noirs. M. de Lally amene avec lui 400 Blancs. Voilà 1360 hommes.

de Leyrit de payer 60000 l. qui avoient été promises aux Matelots, à leur débarquement dans l'Inde, à compte de leur solde, & qui déclaroient hautement qu'ils ne se rembarqueroient pas, le Comte de Lally leur a payé cette somme de sa poche, & ils se font rembarqués.

mes. M. de Leyrit promet de mettre le surlendemain sur la Flotte 200 Cypayes, ce qui fait en tout 1560. Ce secours détruit la cause de la délibération, & son effet cesse. Avec ces hommes, le Comte d'Aché

complette les équipages de ses Vaisseaux, & appareille. Il pouvoit donc, dès le 30 Mai, étant armé, faire ce qu'il ne pouvoit le 18, lorsqu'il a écrit la Lettre précédente. Ce que le Comte de Lally débite des refus qu'ont fait les Matelots, est une fable sans réalité. Le Comte d'Aché en entend parler pour la premiere fois.

Mais le Comte d'Aché, au lieu d'aller à l'ennemi comme il l'annonçoit par cette Lettre, a pris la route opposée, & a profité du renfort que le Comte de Lally lui a amené, pour s'éloigner de ce même ennemi de soixante lieues dans le Sud. Voilà comme le Comte d'Aché a proposé, deux jours après, au Comte de Lally, suivant qu'il l'avance, de marcher sur l'ennemi à Madras.

Le Comte d'Aché a appareillé le premier Juin. Le 2, il a mouillé sous Saint-David. Le 3 & le 4, il est resté sous cette Place. Le 5, il a remonté à Divicoté. Le 6, à Karikal. Le 8, à Negapatham, & le 9 à Karikal, où il a tenu le même jour Conseil de Marine, pour savoir ce que feroit

l'Escadre. Ce détail est constaté par le Journal du sieur Gotho. Voilà comme le Comte d'Aché a profité des secours qu'on lui a donnés, pour s'éloigner à soixante

C

lieues dans le Sud. Peut-on en impofer auffi groffié-rement.

Il eft à obferver que le Comte d'Aché déclare dans cette Lettre, que la déroute de fon Efcadre devoit embar-raffer le Comte de Lally dans fes opérations. Auffi l'a-t-elle fait. Si la déroute de l'Efca-dre eût embarraffé le Com-te de Lally dans fes opéra-tions, ce Général n'auroit pas manqué de détailler celles que cette déroute lui a fait manquer. L'apologie par laquelle il termine l'ou-vrage auquel on répond, prouve au contraire qu'à chaque défaite du Comte d'Aché, le Comte de Lal-ly étoit dans l'ufage de gagner deux ou trois victoires au moins. Les déroutes de l'Efcadre ne l'ont donc point embarraffé dans fes opérations.

L E T T R E I V.

Lettre du Comte d'Aché au Sieur de Leyrit, qui l'a envoyée au Comte de Lally, datée du premier Juin à dix heures du foir.

» Je vous envoye ci-joint, Monfieur, copie de
» la Lettre que m'écrit M. Porcher, Gouverneur de
» Karikal. Il feroit fort à fouhaiter qu'on n'eût pas
» une préfomption fi forte de nos forces, & qu'on
» méprifât moins celle des Anglois. Au furplus, je
» ferai tout ce que je pourrai pour ne pas compro-
» mettre mal-à-propos le Pavillon du Roi. Je compte
» que la *Silphide* ne tardera pas à me joindre ; j'ef-

» perois qu'elle eût appareillé avec moi ; j'en ai be-
» foin plus que jamais. Il feroit à défirer qu'elle fût
» bien armée ; mais du moins faites-là toujours par-
» tir, pour qu'elle puiffe faire nombre avec l'Efca-
» dre. Je fuis, au-delà de toute expreffion, Mon-
« fieur, votre, &c. *Signé*, D'Aché.

» Je croirois qu'il feroit du bien du fervice, au
» lieu de refter mouillé fous Goudelour, de m'éle-
» ver dans le vent, pour tâcher d'intercepter ce
» Vaiffeau de guerre Anglois avant fa jonction avec
» l'Efcadre. Faites part de cette idée à M. le Comte
» de Lally. «

REMARQUES.

[Cette Lettre du Comte d'Aché au Sieur de Leyrit eft remarquable dans tout fon contenu. Elle eft du premier Juin ; il ignoroit alors certainement que l'Ennemi dû propofer de capituler le lendemain 2 Juin. Le Comte de Lally même ne s'y attendoit pas ; le Comte d'Aché vouloit donc dès le premier Juin s'élever dans le fud & s'éloigner de l'Efcadre Angloife fans attendre la prife du Fort S. David. Il ne comptoit donc pas voir le Comte de Lally, puifqu'il chargeoit le Sieur de

REPONSES.

Le Comte d'Aché au large écrit au Sieur de Leyrit le premier Juin , je croirois qu'il feroit du bien du fervice, au lieu de *refter mouillé fous Goudelour*, cette expreffion eft bien claire. Il partoit donc dans l'intention d'aller mouiller fous Goudelour & d'y refter. Il comptoit donc voir le Comte de Lally. Si le Comte d'Aché le fait prévenir fur la propo-

Leyrit, à quatre lieues de lui, à Pondichery, de faire part de son projet au Comte de Lally, qui n'étoit qu'à une demie lieue de lui. sition qu'il fait au Gouverneur, c'est afin que le Comte de Lally lui envoye une Chelingue au moment de son arrivée sous cette Place pour aller exécuter son projet, si tout le monde pense comme ce Chef d'Escadre, cela est bien simple. Une preuve que le premier projet du Comte d'Aché étoit d'attendre la prise de S. David, c'est qu'il partoit pour aller mouiller sous Goudelour & y rester. A la voile il reçoit une nouvelle du Sr Porcher, qui lui fait naître une idée; il la communique au Gouverneur; il le prie de la communiquer au Comte de Lally. Le Comte d'Aché incertain du moment qu'il arrivera sous Goudelour, préfére de faire parvenir cette nouvelle idée au Comte de Lally par le canal du Gouverneur qui peut envoyer sa Lettre par un exprès, qui marchant toute la nuit arrivera à Goudelour avec le lever du Soleil. Peut-on conclure de cette conduite, de cette prévoyance, que le Comte d'Aché ne vouloit pas aller à Goudelour, qu'il vouloit au contraire s'élever dans le sud? Mais s'il l'avoit voulu, s'il y avoit été déterminé, auroit-il écrit, je croirois, faites part de cette idée à M. le Comte de Lally? Non, il seroit parti sans rien dire. Il eût été à Negapatham sans communiquer ce projet à personne. La Lettre du Sieur Porcher lui suffisoit pour s'y faire autoriser par un Conseil de Marine. Au contraire, ce n'est point assez pour le Comte d'Aché de demander conseil au Gouverneur, il veut sçavoir ce que le Comte de Lally pense de cette idée ; il veut qu'on lui en fasse part avant de se décider. Comment peut-on vouloir empoisonner une démarche aussi sage & aussi simple ?

Et en effet c'est la reddition imprévue de S. David, & le lendemain qui, après bien des instances de la part du Comte de Lally, a enfin déterminé le Comte d'Aché à mettre pied à terre pour quelques heures.

Le 2 le Comte d'Aché mouilla sous Goudelour. Ce Fort se rendit aussitôt. L'on essaya vainement de faire parvenir cette nouvelle au Comte d'Aché le même jour ; la lettre cijointe de M. de Maudave le prouve incontestablement. La grosse mer ne le permit pas. Le Comte d'Aché ne reçut la lettre du Comte de Lally que le 3. Il descendit le 4. A-t-il fallu autant d'instances que le Comte de Lally veut dire pour faire descendre le Comte d'Aché à terre pour quelques heures. Il y dîna de l'aveu du Comte de Lally ; le Chevalier de Soupire le promena après diner dans les tranchées. Est-ce-là passer quelques heures ? Est-ce parce qu'il n'y coucha pas ? Mais un Commandant dont l'Escadre est mouillée loin d'une place, dans une rade ouverte où l'Ennemi peut à chaque instant venir l'attaquer, doit-il coucher hors de son bord ? Le Comte de Lally reproche donc au Comte d'Aché d'avoir rempli son devoir avec trop d'exactitude. C'est la premiere fois qu'on en ait fait un crime à un Commandant.

Le Comte de Lally lui a proposé de marcher tout de suite à Madras, pour ne pas donner le tems à l'ennemi de se reconnoître. Le Comte d'Aché ose dire aujourd'hui que c'est lui qui a fait cette proposition au Comte de Lally, qui l'a refusée. Il faut que l'air de l'Inde soit bien contagieux, pour qu'un homme tel que lui, qui à peine a paru dans ces parages, ose déposer de bouche le contraire des écrits qu'il a signés; & il est bien singulier que le Comte de Lally, dans tout le cours de la procédure, soit réduit à opposer à chaque Témoin son propre écrit pour le convaincre de son imposture! Il est vrai que le parti pris de l'assassiner, étoit un expédient sûr, s'il eût réussi, car le Comte de Lally n'eût point eu de papiers à produire.

Le Comte d'Aché a prouvé, par l'exposé du Comte de Lally, le 13 Juin, au Conseil de Pondichery par la délibération qu'il y a fait prendre, & par l'operation qu'il a substituée à celle qui y avoit été arrêtée, que le Comte de Lally ne vouloit pas aller à Madras, & par une conséquence naturelle, qu'il ne l'a pas proposé au Comte d'Aché. Ce Chef d'Escadre a prouvé qu'il l'avoit au contraire proposé au Comte de Lally, qui avoit refusé d'y aller, que toute l'Escadre comptoit aller à Madras, que cette opération étoit le seul objet qui l'occupoit. Le Comte de Lally n'apportera aucune piece, aucune Lettre du Comte d'Aché qui prouve le contraire.

Le Comte d'Aché avoit écrit la veille au sieur de Leyrit qu'il vouloit s'élever dans le Sud, pour ne pas compromettre le pavillon du Roi. Il ajoutoit qu'on avoit trop bon-

Le Comte de Lally ne peut, qu'en confondant les objets, renversant l'ordre des Lettres, donner une ombre de vraisemblance à

ne opinion de ſes forces, & qu'on mépriſoit trop celles des Anglois.

ce qu'il dit. C'eſt une foible reſſource ; l'impoſture eſt bien-tôt confondue quand elle n'a d'autres moyens à employer.

Le Comte d'Aché appareille de Pondichery le premier Juin pour aller à Goudelour. Etant à la voile il reçoit la Lettre du ſieur Porcher, Commandant à Karikal, N°. 18. Ce Commandant propoſe de venir croiſer entre Karikal & Negapatham, d'où il dit qu'il part des convois de boiſſons & autres proviſions pour Trichenapaly & Maduré. Preuve que les Hollandois fourniſſoient des ſecours aux Anglois. Le ſieur Porcher dit qu'il conviendroit tout-à-fait à l'honneur & à l'intérêt de la Nation que l'Eſcadre ſe montrât de ce côté. Ce Commandant annonce enſuite qu'il vient d'arriver à Negapatham un vaiſſeau Anglois à deux batteries. Cette Lettre paroît importante au Comte d'Aché, il l'envoye à M. de Leyrit, il lui mande, qu'il ſeroit à deſirer qu'on n'eût pas une préſomption ſi forte de nos forces, & qu'on mépriſât moins celle des Anglois. Cela eſt ſimple & dans la vérité. On ne donnoit rien à l'Eſcadre, peu d'hommes & mauvais, des Laſcards, des Cipayes : on en a eu la preuve dans le moment ; & on comptoit avec cela que le Comte d'Aché devoit battre l'Eſcadre ennemie, que les Anglois s'épuiſoient de mettre en état de détruire la nôtre. Le mépris qu'on affeƈtoit pour les Anglois donnoit une ſécurité pour l'Eſcadre qui étoit inconcevable. Le Comte d'Aché n'avoit ceſſé d'en repréfenter le faux. Il le fait fentir encore. Au furplus, dit le Comte d'Aché, je ferai tout ce que je pourrai pour ne pas compromettre mal à propos le pavillon du Roi. Que cela veut-il dire? Qu'il ne rifquera rien qui puiffe faire perdre mal-à-propos l'Efcadre qui lui eft confiée, qu'il fe conduira avec prudence dans les occafions qui fe préfenteront : il ne dit pas qu'il veut s'éloigner dans le Sud pour ne pas compromettre le pavillon du Roi. Il n'y a qu'à lire la Lettre pour s'en convaincre. Le Comte de Lally, pour forcer cette Lettre à dire ce qu'il voudroit qu'elle dit, mêle le fens du *Poft-Scriptum* qui eft au bas à celui d'une phrafe qu'il ifole. Il ne rapporte pas même la Lettre du fieur Porcher jointe à celle-ci, & qui en donne le fens. C'eft une infidélité marquée. La Lettre qu'on vient de lire ne donne lieu à aucun reproche contre le Comte d'Aché. Le *Poft-Scriptum* ne donnera pas plus de prife fur ce Chef d'Efcadre. *Je croirois,* dit-il, *qu'il feroit du bien du fervice, au lieu de refter mouillé fous Goudelour, de m'élever dans le vent pour tâcher d'intercepter ce vaiffeau de guerre Anglois avant fa jonction avec l'Ef-cadre. Faites part de cette idée au Comte de Lally.* Ce *Poft-Scriptum* prouve que le projet de s'élever dans le vent, n'a été conçu que poftérieurement à la récep-tion de la Lettre du fieur Porcher ; que c'eft cette même Lettre qui l'a fait naître. Ce *Poft-Scriptum* prouve que fans cette Lettre, fans la nouvelle de ce vaiffeau à deux batteries, le Comte d'Aché n'eût pas fongé à s'élever dans le vent, qu'il auroit feulement

été

été à Goudelour & y feroit refté. *Au lieu de refter mouillé fous Goudelour.* C'eft donc une fauffeté infigne au Comte de Lally de dire que le Comte d'Aché avoit écrit au fieur de Leyrit, le premier Juin, qu'il vouloit s'élever dans le vent pour ne pas compromettre le pavillon du Roi, tandis que littéralement la Lettre porte l'objet de cette manœuvre. Pour intercepter ce vaiffeau de guerre Anglois avant fa jonction avec l'Efcadre. On ne peut pas équivoquer. Le Comte d'Aché propofe de s'élever dans le vent. Il dit pourquoi, il déclare précifément que ce n'eft qu'une idée ; faites part de cette idée au Comte de Lally. Comment le Comte de Lally ofe-t-il en impofer fur une pareille Lettre ?

Voit-on quelques traces dans cette Lettre, ou dans les précédentes, qui indique une envie de la part du Comte d'Aché de marcher fur Madras à 30 lieues dans le Nord? On ne voit dans toutes les Lettres précédentes aucune envie de la part du Comte d'Aché de marcher fur Madras, parce que ce n'étoit pas encore le moment d'en parler. On ne pouvoit aller à Madras qu'après la prife de Saint-David. On en faifoit le fiége. On ne fçavoit pas quand cette Place fe rendroit. Ce n'étoit donc pas le moment de fonger à l'expédition de Madras. Le Comte d'Aché ne pouvoit aller feul à Madras. Il ne pouvoit y marcher qu'autant que l'armée s'approcheroit par terre des remparts de cette Place, & menaceroit de l'attaquer. L'armée étoit occupée au fiége de Saint-David.

D

On se seroit moqué du Comte d'Aché s'il avoit proposé alors d'aller à Madras.

On y voit que le sieur Porcher, à portée des Comptoirs
Danois & Hollandois, infor-
mé par eux de la vraie situation de l'Escadre Angloise,
étoit persuadé, ainsi que toute
la Colonie, que le Comte
d'Aché eût pu alors attaquer
cette Escadre avec avantage.

Comment le Comte de Lally peut-il vouloir insinuer que le Comte d'Aché a refusé d'attaquer l'Escadre Angloise ? Le premier Juin elle paroît à la vue de Pondichery. Le Comte d'Aché appareille, les Anglois se laissent dériver pour attirer ce Chef d'Escadre sous le vent ; il ne les suit pas, il tient au contraire le vent, & sa conduite est simple. Le Comte d'Aché, en les suivant, perdoit son objet. Le siége de Saint-David tenoit tout en suspens. On ne pouvoit rien entreprendre, rien faire à la Côte que ce siége ne fût fini. Le Comte de Lally dit lui-même qu'il ne prévoyoit pas qu'il dût se rendre. Le 2 le Comte d'Aché se seroit battu vingt fois contre l'Escadre Angloise, que cela n'auroit rien opéré pour le siége. Les Anglois ayant attiré le Comte d'Aché sous le vent, pouvoient dans la nuit repiquer au vent, & aller porter du secours à Saint-David. Le Comte d'Aché, qui n'avoit pour objet que d'accélérer la fin de ce siége, remonte au vent, laisse les ennemis pour aller s'embosser devant la Place assiégée. Si les Anglois avoient voulu, ne pouvoient-ils pas venir l'attaquer sous Goudelour comme sous Pondichery ? Ils sont au contraire retournés à Madras, & le Comte d'Aché a resté tranquille fous Goudelour; donc le Comte d'Aché a fait ce qu'il devoit faire. Il a ôté aux Anglois la facilité de fecourir les Affiégés, qui ont capitulé le lendemain à l'apparition de fon Efcadre. Ce fait feul juftifie le Comte d'Aché.

Mais le Comte d'Aché, en quittant le Comte de Lally, a appareillé tout de fuite, & s'eft porté dans le Sud, fans daigner même faluer Saint-David, alors à nous, d'un feul coup de piftolet, quoique mouillé dans fa rade. Croira-t-on, d'après ces pièces & cet expofé, que le Comte d'Aché ait écrit en Europe, & que l'Officier qu'il a dépêché à la Cour ait dit que c'eft le Comte d'Aché qui a pris Saint-David, & qu'on l'ait même inféré dans les gazettes.

Le Comte d'Aché n'a jamais dit qu'il eût pris S. David, mais le Comte de Lally, qui veut attribuer aujourd'hui à lui feul tout l'honneur de cette conquête, va prouver lui-même la part qu'y a eu le Comte d'Aché. Le Comte de Lally dit, *le Comte d'Aché ignoroit certainement alors (le 1er Juin) que cette Place dût capituler le lendemain 2.*

Le Comte de Lally même ne s'y attendoit pas. Voilà l'aveu le plus précis, le plus clair, que le premier Juin les travaux, les attaques avoient eu fi peu de fuccès, qu'on ne s'attendoit pas à être maître de la Place le lendemain. Il n'eft gueres de fiége de Place, fur-tout après un mois, où l'on ne juge à peu près combien l'ennemi pourra tenir encore. Le fiége de Saint-David avoit commencé le 29 Avril, le premier Juin on ne s'attendoit pas à y entrer le lendemain. L'Efcadre paroît le 2 dans la Rade de Saint-David , & la Place se rend. Voilà une reddition imprévue pour le Comte de Lally qui a cependant une cause , & cette cause est de l'aveu du Comte de Lally , l'apparition de l'Escadre. Le Comte de Lally dit au Comte d'Aché , dans sa Lettre N°. 17 , ainsi l'apparition de votre Flotte n'a pas produit un mauvais effet. Il résulte de ce détail, que la vue de la Flotte ayant persuadé les Assiégés qu'ils n'avoient point de secours à attendre de la leur , ils se sont rendus; que c'est la présence de l'Escadre qui a déterminé la reddition de cette Place , & par conséquent que le Comte d'Aché a eu autant de part à cette conquête que le Comte de Lally. Il en résulte que le Comte d'Aché auroit mal fait de suivre les Anglois sous le vent , & le succès de Saint-David est une preuve de la justesse des combinaisons qui ont décidé ce Chef d'Escadre à aller au contraire rester mouillé sous Goudelour. C'est ainsi que le Comte de Lally justifie lui-même le Comte d'Aché en voulant l'accuser.

LETTRE V.

A bord du Zodiaque à la Rade de Karikal , le 9 Juin 1758.

MONSIEUR,

» Notre Général me charge d'avoir l'honneur de
» vous informer qu'il va remettre sous voile pour
» courir dans le Sud , & qu'ayant combiné les avan-

» tages qu'il y a de primer l'ennemi, en affurant s'il
» fe peut nos renforts de l'Ifle de France, il fe pro-
» pofe de monter même jufque par le travers de la
» Baye de Trinquemalé, là où l'Efcadre demeurera
» en croifiere jufqu'au 18 ou 20, tems auquel M. le
» Comte d'Aché examinera encore plus les moyens
» qui pourroient lui refter de tenir quelques jours
» de plus, fuivant les circonftances. Il vous prévient
» d'ailleurs que, malgré les foins de M. Porcher
» pour procurer des rafraîchiffemens aux vaiffeaux,
» ils ne partiront pas d'ici en bon état à cet égard,
» nos équipages demeurant toujours fatigués, & plu-
» fieurs d'eux avec une fanté très-foible ; ce qui fait,
» Monfieur, que tous les Capitaines confultés, en
» donnant leur voix pour la croifiere, rappellent en
» même-tems la néceffité qu'il y a de prendre d'avan-
» ce toutes les mefures praticables, pour qu'à notre
» retour à Pondichery l'Efcadre puiffe être pourvue
» des fecours qui lui manqueront *pour l'exécution des*
» *entreprifes ultérieures.*

» M. d'Aché, Monfieur, me charge d'avoir l'hon-
» neur de vous prier de donner fur cela vos ordres,
» foit pour l'eau, le bois, les vivres, & fur-tout pour
» que les malades puiffent être bien affiftés aux Hô-
» pitaux de la Ville. Au furplus, parmi les différentes
» chofes qu'il feroit à propos de faire préparer, il y
» auroit deux gouvernails à faire, l'un pour le *Ven-*
» *geur*, l'autre pour le *Saint-Louis.* On s'eft flatté que
» lorfque vous donnerez vos ordres pour démanteler

» Goudelour, il pourra s'y trouver des pieces de
» charpente de proportion pour le gouvernail de nos
» deux vaiſſeaux, on eſpere auſſi qu'en commandant
» de retirer de Saint-David tous apparaux, agrèts
» ou uſtenſiles propres à la Marine, on pourra avoir
» lieu de raſſembler bien des choſes dont l'Eſcadre
» ſe ſerviroit utilement.

» Sur-tout, Monſieur, on ſe flatte qu'en faiſant
» raſſembler tous Matelots provenus des échanges,
» avec ceux qui pourront être guéris à l'Hôpital ;
» l'Eſcadre ſera à portée de s'armer mieux qu'elle ne
» l'eſt aujourd'hui, d'autant que les Cipayes, qui
» font le complément de nos vaiſſeaux, n'y ſont preſ-
» que d'aucune reſſource.

» M. de Maudave avoit écrit à notre Général pour
» demander que l'on envoyât *la Silphide* à M. le
» Comte d'Eſtaing. Il m'ordonne de vous marquer
» ſur cela que, ſelon l'opinion générale des Capitai-
» nes, il lui a paru qu'il conviendroit mieux au ſer-
» vice que *la Silphide* continuât de ſuivre l'Eſcadre
» dans la croiſiere où nous allons nous porter. Ce
» bâtiment peut-être très-utile, d'autant que *la Di-*
» *ligente* ne marche plus, & que l'autre, quoique
» très-mal armée, eſt toujours ſuſceptible d'en impo-
» ſer à un navire ordinaire, & toujours de chaſſer
» en avant & faire la découverte.

» M. d'Aché penſe d'ailleurs qu'au moyen de l'é-
» quipage de *la Sainte Brigite*, il ne ſera pas mal-
» aiſé de déblayer Divicotey, ſoit avec *la Diligente*,

» foit avec *les deux Bots*, foit avec *la Reſtitution*.

» Enfin il me charge d'avoir l'honneur de vous
» dire qu'il *s'eſt arrêté à l'avis général de paſſer autant*
» de tems qu'il ſe peut au Sud de Pondichery, foit
» pour rallier *le Centaure* & intercepter les fecours
» Anglois, foit pour ſe conferver *au vent de l'Amiral*
» *Pokok*, *au cas que celui-ci n'ait pas pris le parti de*
» *ſe retirer à Madras*, & *qu'il veuille donner bataille*
» *avant que nous puiſſions attaquer cette Place*. Le
» *Comte de Provence* fait 20 pouces d'eau par vingt-
» quatre heures, *la Diligente* en fait auſſi. Ces in-
» convéniens font difficiles à raccommoder à Pondi-
» chery ; mais du moins, pendant que l'Efcadre va
» en croiſiere, il y a moyen de lui préparer les di-
» verſes parties dont elle aura un befoin preſſant.
» MM. de Leyrit & Babinet peuvent aifément les
» prévoir & s'y difpofer ; ils le feront encore mieux
» quand ils feront excités par vos ordres.

» M. d'Aché vous dit beaucoup de chofes, & vous
» fouhaite une bonne fanté pour la continuation de
» vos conquêtes. Je fuis, &c. *Signé*, le Chevalier
» DE MONTEIL.

» M. Maudave vient d'envoyer à notre Général
» une Lettre que lui écrit M. Fifcher, pour lui dire
» qu'on lui avoit donné avis à Trinquebar que les An-
» glois étoient à Ceylan, pour être à portée d'arrêter
» les vaiſſeaux qui pourroient nous venir des Iſles. *Si*
» *c'eſt en effet le deſſein de M. Pokok*, *nous pourrons*
» *donc le trouver*. D'ailleurs cela ne change rien au
» parti pris «.

REMARQUE.	*REPONSE.*

Cette Lettre eſt en réponſe à deux exprès que le Comte de Lally avoit dépêchés à Karikal, pour tâcher d'y arrêter le Comte d'Aché & le ramener à Pondichery. C'eſt le Comte d'Aché qui fait écrire cette Lettre par le Major de ſon Eſcadre, & c'eſt le Comte d'Aché qui a oſé dépoſer, qu'il a propoſé au Comte de Lally de ſe porter ſur Madras après la priſe de Saint-David, & qui ajoute, qu'il eût battu l'Ennemi; mais que le Comte de Lally l'a refuſé.

Le Comte de Lally n'a envoyé aucun exprès au Comte d'Aché. La Lettre ne prouve autre choſe, ſinon, que le Comte d'Aché charge ſon Major d'inſtruire le Comte de Lally d'un parti qui vient d'être pris dans un Conſeil de Marine, d'aller croiſer au vent, en attendant que l'Eſcadre puiſſe aller attaquer Madras. Ce projet occupoit donc l'Eſcadre. On y penſoit donc, *avant que nous puſſions aller attaquer cette Place.* On ne le pouvoit donc pas alors. La poſſibilité de cette expédition ne dépendoit pas de l'Eſcadre, c'étoit du Comte de Lally. L'Eſcadre ne pouvoit aller attaquer Madras qu'autant que l'armée de terre marcheroit ſur cette Place. Le Comte d'Aché a propoſé d'aller à Madras le 4 Juin, le Comte de Lally l'a refuſé. Non-ſeulement le Comte d'Aché a oſé le dire, mais il a encore oſé prouver, par le Comte de Lally -lui même, que ſon projet n'étoit pas d'y aller, qu'il avoit au contraire celui d'aller à Tanjaour. L'eſcadre étoit donc dans l'impoſſibilité d'aller à Madras, par le refus

fus du Comte de Lally d'y porter fon armée. Cette Efcadre étoit vraiment toujours dans la difpofition d'y aller, & dans l'attente qu'il lui en procurât la poffibilité. Cette Lettre le prouve ftriƈtement. Elle ne permet pas de douter qu'on ne penfât de même lors de la prife de Saint-David, & que conféquemment le Comte d'Aché a propofé au Comte de Lally le 4 Juin d'y marcher enfemble.

C'eft le Comte d'Aché qui dit que fon parti étoit pris de s'éloigner de l'Efcadre Angloife, & de fe tenir au vent d'elle, dans la crainte qu'il ne prît fantaifie à cette Efcadre de venir l'attaquer avant qu'il fût en état de fe porter fur Madras, que c'étoit l'avis unanime de fes Capitaines, & c'eft ce même Comte d'Aché qui dépofe, qu'il vouloit marcher fur Madras, battre l'Efcadre Angloife, & qui s'en éloigne de cent lieues.

Si le Comte de Lally vouloit prouver que le Comte d'Aché a dit ce qu'il lui fait dire, il ne falloit pas qu'il rapportât cette Lettre. Il ne faut que la lire, pour fe convaincre que le Comte de Lally en impofe. Que dit cette Lettre ? Enfin, il me charge d'avoir l'honneur de vous dire, qu'il s'eft arrêté à l'avis général*,

qui eft, de paffer autant de tems qu'il fe peut au Sud de Pondichery, foit pour rallier le *Centaure*, & intercepter les fecours Anglois, foit pour fe conferver au vent de l'Amiral Pokok, au cas que celui-ci n'ait pas pris le parti de fe retirer à Madras, & qu'il

---

* *S'eft arrêté à l'avis général.* C'eft une preuve bien convaincante que le Comte d'Aché n'étoit pas parti le 1er Juin pour s'élever dans le Sud, puifque ce n'eft que le 9 qu'il prend ce parti, fur l'avis du Confeil de Marine.

E

veuille donner bataille, avant que nous puiffions attaquer cette Place. Ces deux phrafes ne reffemblent point à ce que dit ✷ Comte de Lally, & on croira certainement que celui qui a fait écrire la derniere, a pu propofer le 4 Juin au Comte de Lally d'aller à Madras.

Mais le Comte de Lally ne fe rebutoit pas encore. A la réception de cette Lettre il fe rend à Pondichery, il y affemble le Confeil, qui, par délibération, dépêche un exprès par mer au Comte d'Aché, & le fomme de revenir à Pondichery. Voilà un fait prouvé par des piéces authentiques. Le Comte d'Aché reçoit cette fommation, & revient à Pondichery le 17 Juin 1758.

Le Comte de Lally ne vouloit pas aller à Madras. C'eft un fait prouvé par des piéces de la plus grande authenticité, puifque c'eft par l'expofé qu'il fait à ce Confeil, & par fes opérations.

Le Comte d'Aché de retour à Pondichery, le Comte de Lally & le fieur de Leyrit ont une conférence avec lui; ils lui propofent de marcher fur l'Efcadre ennemie, tandis que le Comte de Lally fe porteroit fur Madras avec fon armée. Le Comte d'Aché leur répond, MM. vous voulez toujours que je me batte, je ne fuis pas en état de marcher. On lui propofe de fe porter

Le Comte de Lally confond les époques. Ce fut dans la Lettre écrite à M. de Leyrit, que le Comte de Lally chargea le Comte d'Eftaing de remettre à ce Gouverneur, qu'il lui fit cette propofition infidieufe, qui ne fut approuvée de perfonne. C'eft par cet-

feulement à la hauteur de Sadras, à moitié chemin & à 14
au vent de Madras, il le re-
fufe ; on lui propofe de fe porter à Alemparvé, à fept lieues
feulement de Pondichery. Eh
bien, répond le Comte d'A-
ché, j'y confens, mais qu'on
me donne pour quatre mois
de vivres, fans quoi je ne
bouge pas de la rade de Pondichery. Quatre mois, dit le
fieur de Leyrit ? Mais, Monfieur, vous n'y penfez pas,
Alemparvé eft à fept lieues
de nous fous le vent, nous
pouvons vous y fournir le
journalier comme à Pondichery même. Le Comte d'Aché
s'écrie, mais MM. mettons les
chofes au pis, il vouloit dire au
mieux, quand même j'aurois
battu l'Ennemi, où fera ma
retraite ? Partout, lui répond
Mr de Leyrit ; mais M. par-
tout! Ainfi finit cette feconde
fcêne entre les trois Chefs,
car il y en avoit déja eu une
la veille.

te même Lettre qu'il or-
donnoit au Confeil de joindre un proteft au fien, &
que le Confeil le refufa.

Le Comte d'Aché trou-
ve qu'on ne peut pas avoir
une mémoire plus fidèle
& plus exacte que celle du
Comte de Lally. Se ref-
fouvenir au bout de huit
ans du moindre mot d'une
converfation, cela eft très-
rare. Une chofe feulement
embarraffe le Comte d'A-
ché, c'eft de fçavoir, où
& quand cette converfa-
tion s'eft tenue. Le Comte
d'Aché eft arrivé le 17
Juin à quatre heures du
foir à Pondichery. En ar-
rivant dans cette rade, il
a affemblé fon Confeil de
Marine, dont le Procès-
verbal, N°. 21, porte exac-

tement cette heure, pour protefter contre le rap-
pel de fa croifiere. Le Comte d'Aché n'eft pas def-
cendu à terre, le Comte de Lally & M. de Leyrit
ne font pas venus à bord du *Zodiaque*. Comment ces
trois Chefs ont-ils pu, fans fe voir, avoir une con-

férence le 17 veille du 18 ? Le 18 le Comte d'A-
ché est descendu vers les dix heures du matin à terre,
il est monté chez le Comte de Lally, qui l'a à peine
embrassé, & est parti à dix heures dans une caléche
pour aller joindre son armée en marche depuis le
14 pour le Tanjaour. Comment le 18 les trois Chefs
ont-ils eu cette conférence ? C'est un fait qui s'est
passé aux yeux de tout Pondichery, étonné du départ du Comte de Lally. Il n'appartient qu'à lui d'en
imposer aussi grossiérement.

C'est sur ce double refus que le sieur de Leyrit a déterminé le Comte de Lally à se porter dans le Tanjaour, en
lui déclarant que passé quinze jours il n'avoit plus de quoi
nourrir ou payer son armée.

M. de Leyrit avoit apparemment auparavant déterminé l'armée à entreprendre cette expédition sans ce Général,
puisqu'elle s'étoit mise en marche pour le Tanjaour dès le 14.

Il n'y a ni grands ni petits, qui n'aient sçu dans le tems
le résultat de ces deux Conseils tenus entre ces trois
Chefs, & ils ont fait long-tems la plaisanterie de toute
la Ville.

Le Comte d'Aché invoque, sur cela, le témoigna-
ge de tout Pondichery. Sûrement il démentira le
Comte de Lally. D'ailleurs si le Comte de Lally avoit

eu cette opération à cœur, il auroit assemblé le Conseil, & auroit proposé au Comte d'Aché l'expédition de Madras, pour avoir un acte qui constatât le
refus de ce Chef d'Escadre. Le Comte de Lally ne
l'a pas fait, en faut-il davantage pour prouver qu'il
en impose.

LETTRE VI.

A bord du Zodiaque, le 14 Juin 1758.

» Je croife fur Ceylan, mon cher Général, & je
» tâche de protéger l'arrivée de nos Vaiffeaux, &
» intercepter ceux de nos ennemis.

» Voilà une petite prife que je vous envoye. J'ai
» été à Négapatham où l'on a fait tout ce que j'ai
» voulu : je compte vous joindre inceffamment.
» Adieu mon cher Général, fi vous ne m'aimez pas,
» vous avez grand tort, car je vous aime de tout
» mon cœur.

REMARQUE.

Ces prétendus Vaiffeaux
étoient une fable. Le Comte d'Aché étoit plus à portée d'intercepter ces Vaiffeaux ennemis, & de protéger les fiens en fe tenant vis-à-
vis & au vent de l'Efcadre ennemie, qu'en fe tenant à la
pointe de Ceylan.

REPONSE.

La Cour a fous les yeux
une lettre, par laquelle le
Comte de Lally marque au
Comte d'Aché : *Je vous
fouhaite la force d'un Centaure & le Centaure encore
avec.* C'étoit un Vaiffeau
de la Compagnie, qu'on a
vu, qu'on devoit expédier à l'Ifle de France pour
venir joindre l'Efcadre. Ces Vaiffeaux étoient donc
une réalité. De plus, le Comte d'Aché favoit que
les Anglois attendoient trois Vaiffeaux du Gange
richement chargés, qui effectivement font arrivés à
Madras peu de jours après que ce Chef d'Efcadre eut

quitté fa croifiere. C'eft encore un fait dont tout Pondichery atteftera la vérité. Tout ce qui vient de l'Ifle de France, de Bombay, du Gange vient attérer à l'Ifle de Ceylan pour arriver à la côte de Coromandel. Le Comte d'Aché avoit donc raifon d'établir fa croifiere à la tête de cette Ifle.

LETTRE VII.

A M. le Comte de Lally.

Du 6 Août 1758.

» Je ferois au défefpoir, mon cher Général, que
» vous appriffiez par d'autres que moi, les différens
» événemens qui font arrivés concernant mon Efca-
» dadre. J'ai appareillé d'ici à la vue des Ennemis,
» tant pour ne pas rifquer un combat à l'ancre, que
» pour conferver le vent & être maître de mes mou-
» vemens. J'ai deux fois arrivé fur eux pour les com-
» battre ; mais la plûpart de mes Vaiffeaux fe font
» toujours trouvés hors d'état d'ouvrir leurs batteries
» baffes. Enfin le 5 Août, défefpéré de tous ces in-
» convéniens, j'ai fait une manœuvre pour écrafer
» leur arriere-garde. Mais la brife ayant changé quand
» nous étions à portée de canon, j'ai pris le parti
» de former ma ligne fous le vent, & d'attendre
» l'ennemi de pied ferme. Le combat a commencé
» à midi, mais les artifices qu'on nous a lancés ont
» eu bientôt changé la face des chofes. Le feu a pris
» au mât d'artimon du *Comte de Provence*, & ce

» Vaiſſeau a été obligé d'arriver, pour ſe mettre à
» l'abri & couper ſon mât. Moi-même j'ai eu trois
» fois mon gouvernail démonté & le feu a pris dans
» ma ſoute aux poudres, au point que c'eſt un mira-
» cle que je n'aie pas ſauté en l'air. Ces différens ac-
» cidens, joints au déſordre qu'ils avoient néceſſai-
» rement cauſé dans ma ligne, m'ont déterminé à
» m'éloigner de l'ennemi pour me rallier ; mais l'Eſ-
» cadre n'ayant jamais oſé me ſuivre à la portée du
» canon, j'ai pris le parti de faire route pour Pon-
» dichery. J'ai eu dans le combat trente-trois hom-
» mes tués roides dans mon Vaiſſeau, & cent cin-
» quante-un bleſſés dangereuſement. Voilà, mon cher
» Général, les nouvelles de mer. J'attends depuis long-
» tems des vôtres, qui m'apprennent la réuſſite de
» vos entrepriſes. Soyez ſûr que j'y prends autant
» de part que vous-même. J'ai, ſigné d'ACHÉ.

<table>
<tr><td>REMARQUE.</td><td>REPONSE.</td></tr>
<tr><td>

On ne croira jamais que cette lettre ſoit l'ouvrage d'un homme qui prétend avoir pro-poſé au Comte de Lally d'al-ler chercher l'ennemi, d'a-bord après la priſe Saint-David, & de le battre.

</td><td>

On croira très-aiſément qu'un homme qui vient de ſe battre peut écrire une lettre, par laquelle il rend compte du combat. On n'aura pas plus de peine à

</td></tr>
</table>

croire qu'un homme, qui s'eſt battu le 3 Août auſſi
vigoureuſement, ait propoſé au Comte de Lally, le
4 Juin précédent, d'aller à Madras ; le Comte d'A-

ché se seroit battu devant Madras comme devant Karikal. Cela lui étoit fort indifférent.

D'ailleurs, on ne voit pas comment le Comte de Lally eût pu empêcher le Comte d'Aché d'attaquer ou de battre l'Ennemi, ni de quelle utilité il pouvoit lui être, hors celle de lui offrir autant de Soldats qu'il en voudroit, & c'est ce que le Comte de Lally n'a cessé de faire, & même de le constater par des actes publics.

On sent très-aisément que le Comte d'Aché eût été seul très-inutilement à Madras. Une Escadre ne prend pas des Villes à moins qu'elle n'ait des troupes de débarquement. Le Comte d'Aché, loin d'en avoir, manquoit de monde sur ses Vaisseaux. Ce Chef d'Escadre auroit été très-imprudent d'aller attaquer les Ang'ois sous Madras, parce que dans un événement il n'avoit pas de Port sous le vent où faire retraite. Les Anglois ne risquoient rien de venir l'attaquer sous Pondichery, parce qu'ils avoient sous le vent à eux Madras, où ils pouvoient aller se réparer après ce combat. Voilà la différence des positions.

Le Comte de Lally n'entrera pas dans la discussion de tous les événemens imprévus que cite le Comte d'Aché pour justifier la célérité de sa retraite sous Pondichery, à trente lieues de son champ de bataille. Les accidens, sur mer comme sur terre, ne doivent pas influer sur la conduite d'un

Si le Comte de Lally n'entre point dans cette discussion, c'est parce qu'il sent qu'il ne pouvoit s'empêcher de rendre au Comte d'Aché la justice qu'il veut qu'on lui refuse. La lettre N°. 24 du sieur Porcher, datée

d'un Général qui ne peut les prévoir.

datée du 8 Août, prouve que les Anglois ont mouil-lé à Karikal à bout de bordée le soir du combat, & ce n'est que le 4, le lendemain, que le Comte d'A-ché a mouillé à Pondichery. Est-ce là une retraite précipitée, est-ce là une fuite ? n'en résulte-t-il pas au contraire que les Anglois se sont retirés les premiers ? Le Comte de Lally ne persuadera pas, tant qu'il n'apportera pas d'autres preuves.

Mais si l'on a reproché au Comte de Lally, après dix combats gagnés, dix Villes prises, d'avoir manqué, avec deux mille sept cens hommes, Madras, qui en avoit cinq mille pour sa défense ; si on lui a reproché de n'avoir pu avec douze cens cinquante hommes, en battre deux mille six cens à Vandavachy, il y auroit une partialité marquée, à regarder comme un événement simple, que le Comte d'Aché ait succombé deux fois à un nombre égal, que l'Ennemi, pour donner plus de prix à ses victoires, a même déclaré inférieur aux forces du Comte d'Aché.

Le Comte d'Aché n'a fait aucun reproche au Comte de Lally, d'avoir manqué Madras. Il lui a reproché de n'avoir pas voulu faire le siége de cette Place, après la prise de Saint-David, quand il le lui a proposé le 4 Juin, quand l'Escadre pouvoit y concourir. Des événemens qui privent un Général de ses forces, ne peuvent, quand ils ne sont pas de son fait, lui être imputés sans injustice. Le Comte d'Aché ne peut être responsable du feu qui obli-ge un de ses Vaisseaux d'arriver. Le Comte d'Aché ne peut être responsable de la foiblesse de deux Vaisfeoux quī, hors d'état de réfifter, fortent de ligne. Les Anglois avoient le même nombre de Vaiffeaux que le Comte d'Aché. Les leurs étoient tous Vaiffeaux de guerre, fupérieurs en nombre & en calibre de canons. Peut-on appeller cela des forces égales ? Mais les trophées font les fignes de la victoire. Où font ceux que les Anglois ont pris fur le Comte d'Aché ? Il n'a pas perdu un feul Vaiffeau, pas même une Flûte de fes convois. Il a été maltraité, il a maltraité également fon ennemi. Les lettres qu'ils rapportent le prouvent peremptoirement. Il n'a donc pas fuccombé fous des forces inférieures, comme le dit le Comte de Lally.

Il y auroit plus que de la partialité à regarder comme un événement fimple, le combat que le Comte d'Aché a effuyé l'année fuivante avec des forces décidées fupérieures en tout point, & à lui tenir compte des accidens imprévus qui ont pu occafionner cette troifieme défaite, tandis qu'on refuferoit d'écouter le Comte de Lally, qui prouve qu'il n'a pu foutenir Pondichery contre un ennemi qui avoit vingt hommes pour un à lui oppofer, outre le défaut de toute efpéce de reffources que le Comte de Lally avoit à combattre.

Si l'inconduite, les mauvaifes manœuvres avoient été les caufes du peu de fuccès du combat du 10 Septembre 1759, il feroit tout fimple d'en rendre le Comte d'Aché refponfable. Il ne faut que lire le détail de ce combat, l'entendre de la bouche des perfonnes qui étoient aux Indes alors, on verra que le Comte d'Aché eft auffi irréprochable du côté des manœuvres que du côté de la valeur. Ce qui s'eſt fait à Pondichery ne regarde point le Comte d'Aché ; mais ce Chef d'Eſcadre ne rapporte pas une piéce qui ne porte avec elle la conviction, que le défaut de toute eſpéce de reſſources qu'il a eu à combattre, a forcé l'Eſcadre d'être inutile dans l'Inde.

Le Comte de Lally ſe ſeroit diſpenſé de relever ces faits, quoique notoires, ſi le Comte d'Aché ne le forçoit de les relever pour ſa propre défenſe.

La notoriété de ces faits devoit garantir le Comte de Lally d'uſer, en les relevant, d'une infidélité qui ne peut que démontrer ſon goût pour la calomnie.

Le Comte d'Aché n'a pas rougi de dépoſer que c'eſt ſur la nouvelle qu'il a eue de la mauvaiſe réuſſite du Comte de Lally dans le Tanjaour, qu'il s'eſt déterminé à combattre l'Eſcadre Angloiſe ; il y avoit cependant deux mois que l'Ennemi cherchoit le Comte d'Aché, & que le Comte d'Aché, de ſon propre aveu, cherchoit à l'éviter pour ne point compromettre le pavillon du Roy.

Le Comte d'Aché n'a point rougi, ne rougit point encore, & ne rougira jamais d'aſſurer comme une vérité très-conſtante, connue de toute l'Eſcadre, qu'il ne s'eſt battu devant Karikal le 3 Août que ſur les nouvelles qu'il a reçues du Commandant de ce Comptoir, & qui étoient conformes à celles

qu'il avoit reçues précédemment du Comte de Lally lui-même. Le Comte de Lally dit que l'Ennemi cherchoit depuis deux mois le Comte d'Aché. Il étoit cependant bien aifé à trouver, puifque depuis le 17 Juin jufqu'au 28 Juillet, ce Chef d'Efcadre n'avoit pas quitté la Rade de Pondichery. Le Comte d'Aché ne l'avoit donc pas non plus évité, puifqu'il étoit toujours refté fous Pondichery. L'impofture eft manifefte.

Cette lettre du Comte d'Aché eft de Pondichery du 6 Août : le combat s'eft livré le 5 , ainfi il n'y a pas eu de tems perdu.

Le combat eft du 5 , & la lettre du 5.

C'eft le 28 Juillet que le Confeil de Pondichery, fur l'apparition de l'Efcadre Angloife, a décidé que le Comte d'Aché prendroit la mer. Le Comte d'Aché qui vouloit refter fous Pondichery, a déclaré à ce Confeil qu'il ne répondoit pas de l'événement.

Le 26 Juillet M. de Leyrit annonce au Comte d'Aché que l'Efcadre Angloife eft fous Sadras. Le 27 le Comte d'Aché demande des fecours pour appareiller. Le 28 M. de Leyrit & le Confeil marquent à ce Chef d'Efcadre, N°. 23 , qu'ils penfent qu'il eft avantageux pour l'Efcadre & la fûreté de la Ville qu'il appareille , en ne s'éloignant de terre que le moins qu'il fera poffible, pour qu'on ait la facilité de lui envoyer les fecours dont il aura befoin. La délibération de ce Confeil du 13 Juin , retenoit le Comte d'Aché fous Pondichery; il falloit donc, pour qu'il appareillât, une autre délibération de ce Confeil qui l'y autorifât. Peut-on conclure de-là que le Comte d'Aché voulût reſter ſous Pondichery ? On le demande.

C'eſt le 2 Août que le Comte d'Aché s'eſt éloigné de Karikal, dans le vent, ſur l'approche de l'Eſcadre Angloiſe, & c'eſt à Karikal qu'il prétend avoir appris le mauvais ſuccès de l'expédition de Tanjaour, qui n'a commencé que le 3. Et ce prétendu mauvais ſuccès, c'eſt-à-dire, la retraite de devant Tanjaour eſt du 10. Il faut être prophéte pour voir les événemens huit jours d'avance; & il eſt de notoriété que le Comte d'Aché n'avoit pas ce don.

C'eſt le 2 Août que le Comte d'Aché a appareillé de Karikal, & c'eſt le 3 qu'il attaque l'Eſcadre Angloiſe. Preuve que ce n'eſt que ſur ce qu'il a appris à Karikal qu'il en eſt parti pour ſe battre. Le Comte de Lally a beau vouloir changer les dates pour donner plus de vraiſemblance aux fables qu'il débite, elles ſont irrévocablement conſtatées. Il n'eſt pas le maître de les changer. Sans être prophéte, le Comte d'Aché avoit, avant ſon départ, prévû que l'expédition manqueroit, & l'avoit même écrit. Et il ne falloit pas avoir le don de prophétie pour cela.

Mais c'eſt la nouvelle de la défaite du Comte d'Aché & du ſéjour de l'Eſcadre Angloiſe qui bloquoit Karikal, ſeule communication que le Comte de Lally avoit avec Pondichery, qui a décidé le Conſeil de Guerre, aſſemblé devant Tanjaour le 8 Août,

Cette hiſtoire eſt vraiment une noirceur du Comte de Lally qui ne tournera pas en pure perte, car elle prouvera que ſurtout il en impoſe. L'Eſcadre Angloiſe n'a jamais à abandonner cette expédition, pour courir au fecours de nos Etabliffemens, que cette défaite du Comte d'Aché mettoit en danger. Cette citation du Comte d'Aché eft une noirceur en pure perte.

bloqué Karikal, elle a refté dans cette rade le tems néceffaire aux réparations de fes Vaiffeaux. La lettre du fieur Porcher, du 8 Août, en eft une preuve.

Le Procès-verbal du Confeil mixte, du 31 Août, adminiftre une preuve fans replique de l'inaction où l'Efcadre Angloife eft reftée depuis ce combat ; les établiffemens de la Compagnie n'étoient donc point en danger par la défaite prétendue du Comte d'Aché , cette défaite & le danger des établiffemens de la Compagnie, font deux faits controuvés pour couvrir la vraie défaite du Tanjaour.

L'on voit que fon unique objet étoit de réunir fa voix à celle d'une bande de témoins qui étoient convenus de traiter l'expédition du Tanjaour, qui n'en étoit pas une, comme un événement malheureux & important.

Le Comte d'Aché n'eft d'accord avec perfonne , il n'a eu d'autre objet que d'oppofer la vérité à l'impofture. Si l'expédition du Tanjaour n'en étoit pas une, pourquoi le Comte

de Lally y a-t'il envoyé toute fon Armée ? Un Capitaine de la Compagnie , précédemment, avoit fait trembler & contribuer ce Roi , quoiqu'il n'eût que 300 hommes. Le Comte de Lally avec plus de 2000 y a été battu. C'eft un événement certainement très-malheureux & fort important par les fuites funeftes qu'il a eu pour la Nation. C'eft au Confeil de

Pondichery à developper ces faits qui ne regardent pas le Comte d'Aché.

La date de cette même lettre du Comte d'Aché, dépofe contre lui. Il mande au Comte de Lally le 6, lendemain de fon combat, qu'il eft impatient d'apprendre des nouvelles de la réuflite de fes entreprifes. Il n'a donc pas pu apprendre le 2, à Karikal, cette non réuflite. Il ne la fçavoit donc pas encore le 6, puifqu'elle eft du 10.

Le Comte d'Aché a pu apprendre le 2 Août à Karikal, ce que le Comte de Lally avoit annoncé le 21 Juillet à M. de Leyrit, & à ce Chef d'Efcadre par fes lettres. Le 3 le Comte d'Aché fe bat. Le 4 il mouille à Pondichery. Il y apprend que le Comte de Lally eft encore devant Tanjaour, que le mal n'eft pas fi grand qu'on l'a fait à Karikal. Le 5 il écrit au Comte de Lally qu'il eft impatient d'apprendre des nouvelles de la réuflite de fes entreprifes. C'eft dans la plus grande fimplicité, & il n'eft pas poffible d'en tirer aucune induction.

Le Comte de Lally pourroit relever une autre inconféquence dans cette lettre du Comte d'Aché, où il dit que l'Ennemi après le combat, n'ayant jamais ofé l'approcher à la portée du canon, il a pris le parti de faire route pour Pondichery. Cette timidité que le Comte d'Aché avoit reconnu dans fon Enne-

Les Anglois avoient le vent dans le combat. Vers fa fin, les Vaiffeaux de l'Efcadre qui s'étoient battus, étoient maltraités au point qu'ils avoient été obligés d'arriver pour fe réparer. Le Comte d'Aché fut obligé d'arriver lui-mê-

mi, eût dû être un motif pour lui de ne pas preſſer ſa route pour Pondichery.

me pour rallier ſes Vaiſ-ſeaux. S'il avoit été défait, comme le dit le Comte de Lally, les Anglois ſeroient arrivés ſur les Vaiſſeaux, qui ne pouvoient être qu'en déſordre, pour compléter leur victoire. Les Anglois, au contraire, tiennent le vent & vont à bout de bordée mouiller à Karikal. La lettre du ſieur Porcher, N°. 24, le prouve. Le Comte d'Aché reſte, paſſe la nuit à ſe réparer, & ne ſe rend que le lendemain à Pondichery. On voit qu'il ne s'eſt pas beaucoup preſſé de faire route.

LETTRE VIII.

De Pondichery, le 21 Août 1750.

» Le Conſeil a dû vous faire part, mon cher Gé-
x néral, de la lettre que je lui ai écrite en répon-
» ſe de celle que vous lui écriviez. Vous devez,
» par cette lettre, voir l'état de mon Eſcadre, qui
» n'eſt plus en état de rien faire. Tous les Capitai-
» nes m'ont fait des repréſentations à ce ſujet. Ils
» regardent les Vaiſſeaux comme perdus ſi je ne les
» mene pas dans un Port pour être réparés, plu-
» ſieurs des Vaiſſeaux faiſant beaucoup d'eau, les
» mâtures & les manœuvres endommagées. Je comp-
» tois vous voir arriver ici, & tout de ſuite prendre
» mon parti. Je vous attends, mon cher Général, &
» ſuſpens pour quelques jours mon départ, en pro-
» teſtant

» teſtant toujours que je ne réponds plus des événe-
» mens qui peuvent arriver de la part des Ennemis.
» Mes Vaiſſeaux ſont dans un état à ne pas perdre
» un moment, & profiter de l'éloignement des An-
» glois pour paſſer. S'ils viennent m'attaquer, ils peu-
» vent me mettre dans le cas de ne pas ramener
» mon Eſcadre à l'Iſle de France. Ayez la bonté
» de vous décider; j'attends cette réponſe, le tems
» preſſe; je vous embraſſe, mon cher Général, de
» tout mon cœur. *Signé*, D'ACHÉ.

REMARQUE.

On a de la peine à concilier l'état auquel le Comte d'Aché dit que ſon Eſcadre eſt réduite avec tout le mal qu'il dit avoir fait à celle de l'Ennemi. En effet, on voit par ſes lettres ci-deſſus, qu'il a bien chauffé l'Ennemi, que l'Ennemi n'en avoit plus voulu, que l'Ennemi n'avoit pas oſé l'approcher à la portée du canon. Pourquoi donc abandonnoit-il la mer à cet Ennemi.

RÉPONSE.

Les Vaiſſeaux d'une Eſcadre battue ou battante ont toujours beſoin de réparations après un combat. Après celui du 29 Avril; les Vaiſſeaux du Comte d'Aché n'avoient pû être réparés faute d'avoir de quoi. Ces mêmes Vaiſſeaux déja délabrés, eſſuyent un ſecond combat

le 3 Août, qui ne peut qu'aggraver l'état où ils étoient. On n'a rien à leur fournir de ce qui leur manque, ils ſont dans l'impoſſibilité de tenir la mer. C'eſt le manque de reſſources qui les force de l'abandonner à l'Ennemi. C'eſt parce qu'ils ont bien chauffé cet

Ennemi, que leurs befoins font plus grands. C'eft la vigueur & la vive réfiftance qu'ils ont oppofé à cet Ennemi, qui ont occafionné un plus grand délabrement dans le corps de leurs Vaiffeaux, dans leurs manœuvres & dans leurs mâtures. Le Chevalier de Monteil dit que les Ennemis n'en ont plus voulu ; mais il ajoute, quand le *Comte de Provence* & la *Diligente* ont été à portée. Le Comte d'Aché dit que les Ennemis n'ont pas ofé l'approcher à la portée du canon. Il indique le moment, lorfqu'il rallioit fon Efcadre, lorfqu'ils pouvoient, qu'ils devoient même arriver fur lui pour l'écrafer. Tout cela n'implique de contradiction qu'en ifolant ce qui a été dit, & c'eft-là l'art du Comte de Lally. Mais la vérité n'en paroîtra que dans un plus beau jour.

Pourquoi dit-il dans cette lettre qu'il veut profiter de fon éloignement pour fe dérober aux Ifles, en proteftant contre le retard que l'abfence du Comte de Lally lui occafionnoit.

Il veut profiter du moment que la mer eft libre, parce que fes Vaiffeaux, dont l'état eft détaillé dans les avis des Capitaines du 14 Août, N°. 31, ne pourroient pas réfifter s'ils étoient encore attaqués, & qu'il eft fûr que l'Efcadre feroit totalement détruite. Il protefte contre des événemens qui font à craindre, qu'il veut prévoir, & qui, s'ils arrivoient, le perdoient fans reffource & avec fondement, & qui font du fait de ceux qui le retiennent.

Le Comte de Lally, d'a-   Le Comte de Lally écrit

près toutes ces lettres du Comte d'Aché, n'étoit-il pas fondé à exiger de lui de ne pas abandonner la Côte, & à lui offrir la moitié de son Armée, comme il l'a fait en plein Conseil, par le Comte d'Estaing, pour le porter sur Madras. Il avoit huit Vaisseaux, l'Ennemi n'en avoit que sept. Cet Ennemi n'avoit pas plus de ressources dans Madras, que lui dans Pondichery pour le ragréer.

le 18 au Conseil, sa lettre contient un protêt auquel il ordonne à ce Conseil de joindre le sien. Ce Conseil répond au Comte de Lally qu'il n'avoit pas jugé à propos de déférer à son ordre, l'exposé du Comte d'Aché lui ayant paru conforme à la situation de l'Escadre, & à la situation du Conseil vis-à-vis du Comte d'Aché. L'offre qu'il faisoit à ce Chef d'Escadre de la moitié de son Armée pour aller à l'Ennemi n'étoit donc qu'une proposition insidieuse, qu'il faisoit, sçachant qu'elle ne pouvoit avoir lieu. C'étoit les Vaisseaux qui étoient hors d'état de reprendre la mer. Qu'auroient servi dix mille hommes au Comte d'Aché, si on ne mettoit pas ce Chef d'Escadre en état de se servir de ses Vaisseaux. On n'avoit rien, même de quoi les amarer dans la Rade; le Comte de Lally le sçavoit comme le Comte d'Aché. Il n'étoit donc pas fondé à faire cette proposition à ce Chef d'Escadre, & l'envie seule d'avoir ce qu'il appelle un protêt qui le mît à couvert de la perte de l'Inde, l'engageoit à le faire. S'il n'a pas reussi cette année, il a été plus heureux en 1759. Mais cet acte dont on parlera bientôt, ne peut jamais lui être d'aucune utilité. Il ne peut au contraire que donner lieu à des argumens très-forts contre le Comte de Lally. Les Anglois ne manquoient de rien, ils avoient des Magasins tout le long de la côte, à Madras, chez les Hollandois, chez les Danois, & le Comte d'Aché n'avoit rien même dans Pondichery.

Il y avoit cinq ans que cet Ennemi tenoit la mer, & il étoit de notoriété que son Escadre étoit en plus mauvais état que celle du Comte d'A-ché.

Le Comte de Lally a dit lui-même que l'Amiral Stewens étoit parti d'Europe deux mois après le Comte d'Aché, il n'y avoit donc pas cinq ans que cet-te Escadre tenoit la mer, le Comte de Lally se con-tredit lui-même.

Les lettres du sieur Leyrit qu'on verra ci-après, les délibérations du Conseil de Pondichery, & les représenta-tions du Comte d'Estaing, confirment les raisons que le Comte de Lally avoit de s'opposer à son départ.

La délibération du Conseil qui autorise le Comte d'Aché à partir du 15 au 20 de Septembre, détruit les prétendues raisons du Comte de Lally, & justifie le Comte d'Aché d'être parti le premier, suivant l'avis de toute la Marine.

LETTRE IX. DU COMTE D'ACHE'.

A bord du Zodiaque, le 15 Septembre 1759.

» Je fuis enfin arrivé, mon cher Général, pas fi-tôt
» que je l'aurois voulu, il eft vrai, mais à tems par
» bonheur de vous remettre le peu de fecours que nous
« avons pû arracher de l'Ifle de France. J'ai mis géné-
» ralement tout en ufage pour venir me joindre à vous
» de bonne heure ; il n'y a forte de follicitations & de
» menaces que je n'aye employé pour hâter la befogne;
» mais toujours arrêté par la mauvaife volonté, & l'im-
» péritie d'une troupe de gens de toute efpéce de qui
» elle dépendoit de quelque façon, je n'ai pû, pour
» ma part, que tâcher de réparer en partie les retarde-
» mens qu'on m'a forcé d'effuyer. Je n'ai mis que
» vingt-neuf jours dans la traverfée de Madagafcar
» à Ceylan, & dès que j'ai eu pris à Trinquemalet
» les précautions néceffaires pour mon Efcadre, je
» n'ai plus fongé uniquement qu'à vous, & au danger
» dont Pondichery pouvoit être menacé. Le 10 de
» ce mois, j'ai rendu un combat des plus vifs contre
» l'Efcadre Angloife, à la hauteur de Trinquebar.
» Nous nous fommes maltraités mutuellement. J'y
» ai reçu une bleffure confidérable, mais voilà du
» fecours que je vous remets. Je vous céde de tout
» mon cœur quelqu'argent que j'ai dans mes Vaif-
» feaux pour vous foulager de mon mieux. Bien

54

» plus je les défarme pour vous renforcer de quelques
» foldats blancs, & de la majeure partie des noirs que
» j'ai dans mon Efcadre, mais auffi voilà tout ce que
» je puis faire. N'attendez de moi rien de plus, la
» faifon s'avance, mes Vaiffeaux font en mauvais
» état. Je pars, mon cher Général, & je facrifie le
» plaifir que j'aurois de vous voir, à celui de repa-
» roître plutôt à la Côte l'année prochaine. Adieu,
» mon cher Général, je vous embraffe de tout mon
» cœur. *Signé*, D'ACHE'.

REMARQUES.

Voilà, après une abfence
de treize mois, l'étonnante
lettre que le Comte de Lally
reçoit du Comte d'Aché, qui
lui mande qu'il part pour les
Ifles fans le voir ; qu'il veut
bien lui céder quelqu'argent
qu'il a dans fes Vaiffeaux, &
qu'on ne doit rien attendre
de lui de plus. Or, cet argent
confiftoit en une fomme d'environ 400 mille livres en argent, & pareille valeur en
diamans repréfentatifs de 2
millions que la Compagnie
avoit deftinés l'année précédente pour Pondichery, dont
un million eût fuffi pour prendre Madras, fi on ne l'eût pas
retenu aux Ifles.

REPONSE.

La lettre n'a rien d'é-
tonnant. Elle eft dictée par
la fituation de l'Efcadre,
la pofition de Pondichery,
le vuide de fes Magafins,
& le manque de reffour-
ces. Le Comte de Lally
affecte de confondre l'argent cédé par le Comte
d'Aché, avec l'argent chargé fur fes vaiffeaux par le
Confeil de l'Ifle de France
pour celui de Pondichery.
Ce dernier regardoit le
Commiffaire de la Com-
pagnie. Celui dont le Comte d'Aché prend ici fur lui

de difpofer, eft celui qui eft embarqué pour l'ufage perfonnel de l'Efcadre. C'eft donc vraiment un facrifice qu'il fait, & dont il peut bien fe faire honneur. Le Comte de Lally veut faire rendre cet argent repréfentatif de celui qui a été retenu aux Ifles. Les Regiftres de la Compagnie le démentent. L'argent chargé à l'Ifle de France par la Compagnie, doit y être enregiftré, & celui dont eft queftion féparément. C'eft un fait que le Comte de Lally ne peut faire changer. Qu'on interroge fur cela M. Buffy, & on verra qui des deux en impofe, ou le Comte de Lally, ou le Comte d'Aché. Le Comte de Lally dit qu'un de ces millions eût fuffi pour prendre Madras. Il n'a pas pris Madras, & cependant, de fon aveu, ce million lui a été remis par la *Fidèle*, quand il étoit devant cette Place. C'eft ainfi qu'il veut en impofer perpétuellement.

Le Comte d'Aché convient qu'il prévoyoit que Pondichery étoit en danger. Ce danger ne pouvoit être que celui d'être bloqué par l'Efcadre Angloife. Les 400000l. qu'il vouloit bien céder, & les cent quarante hommes de recrues qu'il avoit amenés pour les troupes de la Compagnie, ne garantiffoient pas Pondichery d'être bloqué par mer.

Il ne prévoyoit pas que Pondichery étoit en danger; mais il dit qu'il n'a fongé qu'au danger dont il devoit craindre que Pondichery ne fût menacé. Le Comte d'Aché vient de fe battre avec l'Efcadre Angloife; il eft affuré & très-affuré que Pondichery n'a rien à craindre d'elle au moment qu'il écrit. Il peut donc porter tous ſes ſoins à ſon Eſcadre, ſans compromettre la Colonnie. Ni l'argent ni les recrues ne garantiſſoient pas Pondichery d'être bloqué par mer; mais le combat qu'il venoit de livrer, avoit ôté aux Anglois la faculté de le bloquer.

Le ſieur de Leyrit & le Conſeil, ainſi que tous les Officiers principaux, ſe tranſporterent à ſon bord, pour l'engager à reſter, & ils n'en purent rien obtenir qu'un retard de 24 heures. On met ce retard à profit pour lui repréſenter que d'abandonner la Côte, ou de ſigner la perte de Pondichery, étoit une même choſe. Le Comte de Lally de ſon côté lui mandoit que l'Ennemi étoit en pleine marche pour venir attaquer notre Armée ſous Vandavachy, les priant d'attendre au moins cet événement, & il lui marquoit en même-tems qu'il avoit reçu des paquets de la Cour, avec ordre de les lui communiquer. On ſera ſurpris de la réponſe du Comte d'Aché. La voici:

Le Comte d'Aché ſe propoſe de terminer cette réponſe par des réflexions ſur le Protêt national, qui répondront à tout ce que le Comte de Lally a dit ſur cet acte dans tous les écrits répandus ſous le nom du Comte de Lally.

La nouvelle que l'Ennemi étoit en pleine marche pour aller attaquer l'Armée à Vandavachy, pouvoit, ſans qu'on puiſſe rien en conclure, ne pas plus émouvoir le Comte d'Aché que le Comte de Lally qui reſtoit fort tranquille à Pondichery. Il eſt vrai que le Comte de Lally dit qu'il étoit alité; mais il n'eſt pas vrai qu'il le fût, & ce fait eſt connu de tout Pondichery.

Le

Le Comte d'Aché n'avoit reçu aucun ordre du Miniſtre ſur ce fait ; s'il eſt vrai, le Comte de Lally pouvoit aiſément lui envoyer communiquer à bord les ordres reçus de M. de Silhouette, puiſque le Comte de Lally ſçavoit qu'il étoit conſidérablement bleſſé & vraiment alité. Le Comte de Lally ne l'a pas fait : preuve qu'il n'étoit pas curieux de communiquer ſes ordres au Comte d'Aché.

LETTRE X.

A bord du Zodiaque, le 17 Septembre 1758.

» Je ſuis au déſeſpoir, Monſieur, que la bleſſure
» conſidérable que j'ai reçue, ne me permette pas
» de me concerter avec vous ſur le parti à prendre
» dans les circonſtances préſentes. Je me ſerois porté
» de tout mon cœur à un accord que j'ai ſouhaité ſi
» long-temps ; mais je vous ai communiqué & au
» Conſeil, ma façon de penſer actuelle, & ſurement
» rien n'eût pu la changer, ayant préalablement ba-
» lancé les raiſons qui pourroient la détruire. J'ai
» combattu l'Eſcadre Angloiſe, & l'ai miſe hors d'é-
» tat de rien entreprendre avant la fin de la ſaiſon.
» J'ai conduit à Pondichery les ſecours que j'avois
» pris ſous mon eſcorte ; j'ai même déſarmé mes
» Vaiſſeaux pour renforcer cette Place autant que
» mon état l'a permis. Que puis-je faire de plus ? Je
» dois ſonger après cela à la ſureté de mon Eſcadre ;

H

» & en la mettant à l'abri de tout événement', je
» préferve plus Pondichery à l'avenir que n'eût fait
» ma préfence, fort inutile déformais. Soyez sûr,
» Monfieur, que ce n'eft pas la bonne volonté qui
» me manque, j'en ai plus que qui que ce foit ; mais
» c'eft l'avis de tous les Capitaines, c'eft la pruden-
» ce, c'eft mon zèle pour le bien de la chofe qui
» me conduit, & je ne me départirai jamais de ce
» principe.

» J'ai l'honneur d'être, *figné*, D'ACHÉ.

REMARQUE.	*REPONSE.*
Cette lettre n'eft pas dans le ftyle affectueux des précédentes.	Le Comte de Lally ayant changé le fien, le Comte d'Aché a cru devoir faire de même.
Le Comte d'Aché venoit de recevoir la lettre du Confeil qui s'oppofoit à fon départ ; il déclare qu'il a mis l'Efcadre Angloife hors d'état de rien entreprendre de la faifon ; pourquoi donc la laiffer maîtreffe de la mer, & perfuader par cet abandon, aux Princes du Pays, que c'eft l'Efcadre Angloife qui l'avoit mife hors d'état de tenir la mer ? Pourquoi fe refufer à la communication des inftructions de la Cour que le	Le Comte d'Aché fçavoit, à n'en pouvoir douter, combien l'Efcadre Angloife étoit maltraitée ; le Confeil le marque même dans la lettre que cite le Comte de Lally. Ce Chef d'Efcadre étoit certain qu'elle ne pouvoit rien entreprendre, & on le fçavoit de même à Pondichery. Le départ de l'Efcadre,

Comte de Lally avoit ordre
de lui faire ?
rien changer à la senfation qu'avoient fait fur les Princes du Pays, l'expédition fur Tanjaour, & la levée
du fiege de Madras. Ces deux époques & d'autres
caufes dont le Confeil de Pondichery peut feul rendre compte, nous avoient fait perdre la confiance
de ces Princes. L'événement du combat de l'Efcadre ne datoit de rien pour eux,

ou fa demeure dans la rade
de cette Ville, ne pouvoit

Les Anglois ne connoif-
foient point de faifon dans
l'Inde. Leur Efcadre n'a ceffé
de bloquer Pondichery hy-
ver & été, foit en partie, foit
en totalité. On propofoit au
Comte d'Aché les mêmes ex-
pédiens dont ufoit l'Efcadre
ennemie pour ne fe point éloigner de la Côte, & fe mettre
en même-tems en fureté contre l'ouragan de l'Equinoxe,
qui eft moins fréquent & moins
dangereux à cette Côte qu'à
celle de Bretague. Le Comte
d'Aché prétend avoir battu
trois fois l'Ennemi ; cet Ennemi l'a forcé trois fois d'abandonner la mer, & de n'y plus
reparoître.

Les Anglois ont tou-
jours été hyverner à Bom-
bay. Le feul hyvernage
qu'ils aient paffé à la Côte,
eft celui de 1760 à 1761.
Auffi ont-ils perdu dans
l'ouragan du mois de Jan-
vier 1761 , fept de leurs
Vaiffeaux.

Le Comte d'Aché s'eft
battu trois fois, & le manque de tout l'a toujours
mis dans le cas d'abandonner la mer. C'eft un fait
prouvé par toutes les lettres que ce Chef d'Efcadre
a rapportées.

On conviendra que les vic-

Le Comte d'Aché ne

toires dans l'Inde reſſemblent beaucoup aux défaites en Europe. Auſſi eſt-on aſſuré d'avoir ſaiſi le vrai, quand on a pris le contrepied de tous les rapports qui arrivent de ce pays-là en Europe. Le procès intenté au Comte de Lally croit pas devoir répondre à cet article, ſur lequel on doit trouver des preuves au Procès. en eſt une démonſtration frappante.

Sur ce départ ſubit du Comte d'Aché, toute la Nation s'eſt aſſemblée, & a ſigné unanimement une proteſtation, par laquelle elle le rend ſeul reſponſable de la perte de Pondichery, & le menace d'en demander juſtice au Roi. Les courans l'avoient fait dériver dans le Nord. Cette proteſtation lui étant parvenue en pleine mer, il tient un Conſeil à bord, revient au bout de cinq jours à Pondichery; il y met pied à terre pendant deux jours, perd la plus belle occaſion d'écraſer l'Eſcadre Angloiſe, qui le croyant déjà parti pour les Iſles, paroît le 27 Septembre au point On va dans le moment parler du protêt.

Le Comte d'Aché étoit parti de Pondichery ſur l'arrêté d'un Conſeil de Marine; il en falloit un nouveau pour y retourner.

A l'égard de l'occaſion que le Comte de Lally prétend que le Comte d'Aché a perdue. Ce Chef d'Eſcadre ſe flatte d'avoir répondu péremptoirement à cet égard. L'Eſcadre étoit en très-bon ordre.

du jour à la débandade devant Pondichery; il repart en un mot le premier Octobre pour ne plus revenir, & écrit en partant au Comte de Lally la lettre ſuivante.

LETTRE XI.

A bord du Zodiaque, le premier Octobre 1759.

» Je vous fais mon compliment de tout mon cœur,
» mon cher Général, de l'avantage que nos Troupes
» viennent de remporter aujourd'hui. Cela nous
» coûte bien cher, il est vrai ; mais c'est toujours
» beaucoup. Je vais tâcher de réparer cette perte
» en vous envoyant cinq cens hommes, & nous al-
» lons songer, dès notre arrivée à Maurice, à vous
» faire tenir tous les secours que nous pourrons y
» trouver. Vous pouvez compter que tant qu'il me
» restera des moyens, je n'abandonnerai jamais Pon-
» dichery.

» Je vous prie de vouloir bien avoir quelques at-
» tentions pour les Officiers qui descendent à terre
» avec les Matelots : je m'en rapporte à vous pour
» les traitemens que vous jugerez à propos de leur
» faire.

» J'ai l'honneur d'être, *signé*, D'ACHE'.

» Dans le moment même que je vous réponds,
» M. de l'Eguille m'envoie faire des représentations
» sur le monde que je vous donne ; cela n'est point
» de son avis, & vous devez voir combien j'ai à
» combattre, puisque pour vous renforcer & vous
» obliger, je vais contre l'avis d'un Officier géné-
» ral de mer. M. Gadeville vous dira le reste.

Les remarques sur cette lettre portent que cette victoire ga-
gnée étoit un motif pour faire rester le Comte d'Aché. C'en

étoit un au contraire pour le faire partir. Le Comte d'Aché a donné les hommes tels qu'il les avoit. Ce que dit le Comte de Lally de ces hommes, prouve combien ce Chef d'Efcadre étoit mal armé.

Cette remarque finit par cette phrafe : on feroit tenté de croire que le Comte de Lally & le Comte d'Aché fervoient deux Maîtres différens. Le Comte d'Aché répond qu'on fçait qu'ils fervoient tous deux le même Maître, mais avec un efprit différent.

Le Comte d'Aché ne répond point aux remarques jointes aux phrafes extraites des lettres du fieur de Leyrit. Le Comte de Lally n'a ofé les produire entieres, elles auroient furement fourni au Comte d'Aché des preuves contre les faux expofés du Comte de Lally.

PROTÊT NATIONAL.

L'ART de préfenter ce Protêt, en fait toute l'illu-
fion. Pour lui donner une force précaire, le Comte
de Lally ne le préfente dans fes écrits que comme un
acte poftérieur au départ du Comte d'Aché. Le
Comte de Lally l'ifole du retour de ce Chef d'Efcadre fous Pondichery après ce Protêt, de l'arrangement fait entre le Comte d'Aché, Meffieurs de Leyrit
& de Buffy, chez M. de Lally, & par fon ordre poftérieurement. Le Comte de Lally garde encore le
filence fur le fecours que le Comte d'Aché donne en
hommes & en munitions de guerre avant de partir.
Il fe garde bien de dire, qu'après le depart du Comte
d'Aché, le premier Octobre, la Nation ne protefta
pas de nouveau : toutes preuves qui fe réuniffent
pour conftater la nullité de ce Protêt. Le Comte
d'Aché va d'abord le tranfcrire ici en entier, enfuite
il prouvera 1°. que ce Protêt eft nul quant au fond.
2°. Qu'il eft nul quant à la forme. 3°. Que fon retour poftérieur à ce Protêt, fuffiroit feul pour l'a-
néantir. 4°. Qu'il eft totalement détruit par l'arrangement qui l'a fuivi, & par le filence de la Nation à
fon dernier & véritable départ.

» Monfieur de Leyrit, Gouverneur des Etabliffe-
» mens François dans l'Inde, & Préfident du Con-

» feil de Pondichery, ainſi que tous ſes Membres
» qui vous ont été députés, ayant épuiſé ſans aucun
» ſuccès, tous les moyens imaginables *pour vous re-*
» *tenir ici encore au moins quelques jours*, afin de raf-
» ſurer les Noirs du pays prêts à ſe déclarer contre
» nous ; & vu la conſternation générale répandue
» dans la Ville de Pondichery, il a été réſolu d'aſ-
» ſembler un Conſeil national, lequel a proteſté una-
» nimement contre votre départ précipité, vous dé-
» clarant ſeul reſponſable de la perte de cette Co-
» lonie ; il a été délibéré qu'il en ſeroit porté des
» plaintes au Roi & au Miniſtre, pour en demander
» juſtice, la Compagnie n'ayant jamais eu d'autre
» objet en demandant des Vaiſſeaux au Roi, que
» celui de ſauver ſes établiſſemens aux riſques de ces
» mêmes Vaiſſeaux. Et ſera délivré une copie de
» cette déclaration à tous les Capitaines de l'Eſcadre
» de M. d'Aché, ſi on en a le temps. Fait, &c.

1°. Un acte auſſi vif doit avoir des motifs bien
graves. Le danger preſſant, inſtant, momentané pour
Pondichery, pouvoit ſeul l'occaſionner. Dans quelle
ſituation a-t-il été fait ? Pondichery n'avoit point
d'Ennemis à ſa porte ; les Anglois étoient au loin
dans les terres, & ne penſoient à rien moins qu'à
faire le ſiege de cette Place. L'eſcadre Angloiſe ne
menaçoit point de la bloquer par mer. Au contraire
le Conſeil de Pondichery dit lui-même dans les repréſentations qu'il fait au Comte d'Aché le 17 Septembre : » le premier moyen ſeroit de profiter du

mauvais

» mauvais état où l'on fçait certainement que l'Efca-
» dre Angloife fe trouve pour achever de l'écrafer.
» On eft inftruit au vrai de ce mauvais état par les
» lettres de Karikal & de Negapatham. De cette
certitude du mauvais état de l'Efcadre Angloife , il
réfultoit naturellement celle qu'elle étoit hors d'é-
tat de venir bloquer Pondichery. D'où pouvoit donc
venir la confternation générale , répandue dans la
Ville de Pondichery ? Un efprit de vertige avoit-il
feduit fes Habitans ? Une terreur panique s'étoit-elle
emparée de leurs efprits ? Les Noirs du pays avoient-
ils pris d'après eux cette frayeur ? Les Noirs la leur
avoient-ils communiquée ? Quelle en étoit la caufe ?
L'acte n'en offre aucune que le départ de l'Efcadre
qu'on voudroit différer feulement de quelques jours.
Étoit-il queftion dans ce moment d'arrêter un Ennemi
vainqueur au milieu de fa courfe rapide? Non. L'Armée Angloife eft loin de Pondichery , & fe tient fur la
défenfive ; l'Efcadre Angloife eft à fe radouber à
Negapathan. On la fçait certainement en mauvais état. Cependant la confternation regne à Pondichery : le croira-t-on ? Le motif eft-il recevable ?
Peut-il autorifer un acte auffi fort & auffi violent contre le Commandant d'une Efcadre , qui s'eft battu
pour les Auteurs de cet acte fept jours auparavant,
& qui non content de remettre à cette Colonie les
fecours qu'il a été chargé d'y convoyer, fe dépouille
des hommes de fon Efcadre, pour augmenter les forces de cette Place. ? Dans quel état étoit cette Efca-

I

dre? Dans le p'^ grand délabrement, fans reffources d'aucune efpèce pour la réparation de fes Vaiffeaux ; les avis détaillés des Capitaines, N°. 45, conf-
tatent leur état. C'eft cette Efcadre que l'on veut
faire refter quelques jours de plus. Que pouvoit faire
à la Colonie épuifée déjà pour les vivres de l'Armée,
un féjour prolongé de huit jours fous la rade de Pondichery, que cette Efcadre eût affamée encore. Per-
fuadera-t-on qu'un féjour de quelques jours pût
mettre Pondichery hors de rifque d'être perdu. Le
feul motif allégué dans ce Protêt, eft fans fondement.
Il s'enfuit naturellement qu'un acte auffi vif, fait fans
aucun motif, eft nul.

Pour rendre le Comte d'Aché feul refponfable de
la perte de Pondichery, il auroit fallu que le Comte
d'Aché eût été chargé feul de fa défenfe. Deux forces
réunies devoient y coopérer ; une armée de terre, &
une Efcadre : l'armée de terre étoit aux environs de
Pondichery, partagée dans des poftes qui défendoient
les approches de cette Place ; l'Efcadre venoit de mettre celle des Anglois, de l'aveu du Confeil de Pondichery, hors d'état de rien entreprendre. Le délabrement des Vaiffeaux, force cette Efcadre de quitter
Pondichery quelques jours plutôt que le chan-
gement de faifon doit néceffiter fon départ, &
l'on rend feul refponfable de la perte de Pondichery,
le Commandant de cette Efcadre. N'eft-ce pas une
injuftice énorme & criante ? Parce qu'il eft dans l'im-
poffibilité d'aller achever d'écrafer l'Efcadre ennemie,

on veut le rendre feul refponfable de la perte d'une Place , qui loin de courir un danger preffant , n'eft feulement pas menacée. C'eft une abfurdité fans exemple.

Il y a plus , fi le Comte d'Aché avoit été dans le cas de répondre feul de Pondichery , on ne pouvoit l'exiger de ce Chef d'Efcadre , que pour le tems qu'il devoit refter à la Côte. Le Roi lui prefcrit d'y refter jufques au 15 Octobre, il ne devoit tout au plus en répondre que jufques-là ; & par cet acte , on rend indéterminément le Comte d'Aché refponfable de la perte de Pondichery dans quelque tems qu'elle puiffe arriver : c'eft un abus manifefte d'une autorité abufive. Lorfque le Roi a envoyé le Comte d'Aché aux Indes, Sa Majefté lui a donné des inftructions ; ces inftructions font la loi qu'il doit fuivre. Le Confeil ne peut aller au-delà : le Roi ne rend point le Comte d'Aché refponfable de la perte des Etabliffemens dont il lui confie en partie la défenfe , & le Confeil prend fur lui de rendre le Comte d'Aché , feul refponfable de la perte de Pondichery. Qui lui en avoit donné le pouvoir , à lui qui avoit un double des inftructions du Comte d'Aché ? La violence de cet acte, l'abus que le Confeil fait de fon autorité , la fituation de Pondichery , l'éloignement de l'armée & de l'Efcadre Angloife de Pondichery , le délabrement de l'Efcadre Françoife, tout fe réunit donc pour prouver la nullité de cet acte quant au fond. Le Comte d'Aché va prouver qu'il eft également nul dans la forme.

I ij

2°. Les inftruĉtions données par le Roi au Comte d'Aché, portent expreffément que dans les affaires générales, il fera tenu des Confeils mixtes où on appellera les Officiers de la Marine. Le danger qui pouvoit réfulter du départ de l'Efcadre pour Pondichery, devoit être regardé comme une affaire générale, on devoit donc affembler un Confeil, & y appeller les Officiers de la Marine. Le réfultat de ce Confeil, foit qu'il fût conforme à l'avis du Comte d'Aché, foit qu'il y fût contraire, devoit être fignifié au Comte d'Aché, pour s'y conformer.

Le 31 Août 1758, lorfqu'il fut pareillement queftion du départ de l'Efcadre, on fuivit cette forme. Le Comte d'Aché eut des motifs pour ne fe pas conformer à l'arrêté du Confeil; il partit, & cependant ce Confeil ne protefta pas. Le 17 Septembre 1759, c'eft la nation tumultueufement affemblée, à qui l'on fait figner un aĉte que l'on qualifie Protêt national; aĉte auffi indécent pour la nation qui le figne, qu'injurieux au Commandant contre lequel elle le fait. Le Confeil avoit les inftruĉtions du Comte d'Aché, il fçavoit la forme dans laquelle le Roi lui prefcrivoit de procéder avec ce Chef d'Efcadre, il ne s'y conforme pas : au lieu de faire déterminer dans un confeil compofé des Officiers de terre & de mer, & des membres du Confeil, s'il eft plus utile de faire refter l'Efcadre que de la laiffer partir, on dreffe un aĉte à la hâte, on ramaffe des fignatures pour faire un corps de noms dont on forme la nation, on fait des proteftations dénuées de fondement & fans motif : l'aéte eft donc nul quant à la forme & quant au fond.

3°. En admettant la validité de ce Protêt , il ne pouvoit plus être oppofé au Comte d'Aché ; cet aéte n'avoit été fait que fur le refus de ce Chef d'Efcadre de refter quelques jours de plus. Le 17 Septembre un Vaiffeau lui apporte cet aéte ; il affemble fon confeil de Marine ; il arrive le 22 Septembre , & y refte jufqu'au premier Oétobre ; il donne donc à la Colonie treize jours , au lieu de quelques jours. Il a rempli par ce féjour le vœu de la nation : le Protêt ne peut donc plus avoir d'effet , il eft anéanti par ce retour. Un aéte anéanti par quelque caufe que ce foit, ne peut plus être oppofé. Comment le Comte de Lally ofe - t - il faire valoir aujourd'hui , contre le Comte d'Aché , cet aéte nul quant au fond & quant à la forme , & qui de plus , eft anéanti par le retour du Comte d'Aché fous Pondichery , & un féjour de treize jours à la Côte.

4°. Le Comte d'Aché revient à Pondichery le 23 Septembre ; le 26 , il eft furpris par les Anglois. On a vû les détails de cet événement dans fes deux premiers Mémoires , il ne fe répétera pas : le 27 , il revient fous Pondichery ; cette furprife commence à défiller les yeux du Confeil , on fent qu'on a été trop vite , on cherche à fe rapprocher , les députations font renouvellées au Comte d'Aché ; enfin, le Comte de Lally , lui-même, fait faire un arrangement, il ne veut pas le faire par lui - même , il en charge

MM. de Leyrit & de Buſſy. Ces deux Meſſieurs s'aſſemblent chez le Comte de Lally avec le Comte d'Aché. On conſent au départ de l'Eſcadre , moyen-nant 900 hommes que le Comte d'Aché donne avec le tiers de ſes munitions de guerre. Ce Chef d'Eſcadre demande à MM. de Leyrit & de Buſſy , s'ils répon-dent de Pondichery & des Etabliſſemens de la Com-pagnie ; l'un & l'autre. aſſurent le Comte d'Aché , qu'il les rend par ce ſecours , très - ſupérieurs aux Anglois : le Comte d'Aché demande un acte qui dé-truiſe le Protêt. On dit à ce Chef d'Eſcadre , qu'il eſt annullé par ſon retour & par cet arrangement:le Comte de Lally , à ſon retour en Europe , donne au Miniſtere un Mémoire intitulé , *Réflexions ſur l'Expédition de l'Inde.* Ce Mémoire eſt communiqué aux membres du Conſeil de Pondichery ; ils répondent à cet égard, *que le Comte d'Aché s'étant déterminé ſur les repréſen-tations du Conſeil , à débarquer un ſecours d'hommes & d'argent , le Conſeil raſſuré , fut bien éloigné de penſer alors , qu'abandonner l'Inde ou en ſigner la perte , fût la même choſe.* Tout le monde a donc re-gardé le Protêt comme anéanti. Au départ du Comte d'Aché , le Conſeil devoit préſenter une Requête au Roi , pour lui porter des plaintes contre le Comte d'Aché , & demander juſtice à Sa Majeſté , de ce Chef d'Eſcadre. Immédiatement après le départ du Comte d'Aché, du premier Octobre , le Conſeil a député le ſieur Chevreaux. Il auroit été chargé de ces plaintes. Sa miſſion au contraire , n'eſt que de demander de nouveaux secours. On n'a point suivi ce qui étoit prescrit, annoncé par le Protêt ; preuve incontestable que la nation l'a regardé comme anéanti par l'arrangement qui lui est postérieur. M. de Lally a provoqué ce Protêt ; il est fait cependant au nom de M. de Leyrit ; c'est M. de Leyrit qui consomme l'arrangement avec le Comte d'Aché. C'est chez M. de Lally qu'il est consommé. Tout se réunit donc pour prouver que les auteurs eux-mêmes du Protêt l'ont anéanti par leur fait. Comment le Comte de Lally péut-il aujourd'hui s'en prévaloir pour justifier la perte de Pondichery, postérieure de 16 mois. Une réflexion, disons mieux, un exemple frappant & concluant, détruit le sophisme du Comte de Lally. M. Dupleix, avec moins de troupes que n'en avoit le Comte de Lally, & sans Escadre, a fait lever le siège de Pondichery assiégé par une armée de 5000 Européens, 20000 Noirs, & une Escadre de 25 Vaisseaux ; le Comte de Lally l'a rendu, dit-il, faute de vivres ? Une Escadre à laquelle il en eût fallu nécessairement, n'auroit donc fait qu'accélerer la reddition de la Place ; si elle avoit été alors à Pondichery, on eût perdu des Vaisseaux qui existent aujourd'hui, ses équipages qu'on eût débarqué, auroient grossi le nombre des prisonniers, & loin de sauver Pondichery, auroient au contraire pressé le moment funeste de sa perte.

C'est donc une noirceur au Comte de Lally, de vouloir faire valoir contre le Comte d'Aché, un acte nul quant au fond & quant à la forme, anéanti par le retour & le féjour du Comte d'Aché fous Pondichery, & par l'arrangement qui l'a fuivi.

D'ailleurs, par fes inftruétions, le Comte d'Aché eft autorifé à ne pas déférer aux arrêtés des Confeils mixtes, quand il y aura trop de rifques pour les Vaiffeaux : les rifques que couroient ceux de l'Efcadre, font détaillés dans l'avis par écrit de M. de l'Eguille, dans ceux des Capitaines des Vaiffeaux du Roi, & de la Compagnie. Le réfultat du Confeil de Marine N°. 45. du 16 Septembre, eft de partir le 17 ; le Protêt national ne peut donc pas avoir d'effet contre le Comte d'Aché. Ce n'eft point lui feul qui détermine le départ de l'Efcadre, ce font au contraire tous les Capitaines des Vaiffeaux de l'Efcadre qui l'ont, après mûre délibération, & réunis en corps, arrêté & décidé. Ce Confeil avoit l'arrêté du Confeil de Marine. C'étoit donc contre le corps de la Marine en général, qu'il devoit protefter. L'arrêté du Confeil de Marine avoit fixé le départ au lendemain, d'après des motifs fans réplique. Le Comte d'Aché devoit y foufcrire ; il eût été refponfable des événemens qui euffent pu furvenir à l'Efcadre, en reftant à la Côte contre cet arrêté. La Marine eût protefté avec fondement contre fon Commandant. Lorfqu'il remplit ce qui lui eft prefcrit par fes inftruétions, lorfqu'il fe conforme à l'arrêté d'un Confeil, dont il n'eft pas le maître de changer les difpofitions, le Confeil de Pondichery peut-il être reçu à protefter

contre

contre ce Commandant, à le rendre responsable de la perte de l'Inde ? Cela n'est pas soutenable ?

Les plaintes de ce Conseil auroient-elles été admissibles au pied du Trône ? Le Roi n'a point ordonné au Comte d'Aché, de sacrifier ses Vaisseaux; Sa Majesté, au contraire, l'autorise à ne pas déférer aux arrêtés des Conseils mixtes, quand il y aura trop de risques pour ses Vaisseaux, pourvu que les principaux Officiers, & lui, donnent un Mémoire des motifs. Voilà un Conseil de Marine, dont tous les avis détaillés, prouvent les risques. La question étoit jugée en faveur du Comte d'Aché , incontestablement. Il ne faut que lire ses instructions , l'arrêté du Conseil de Marine du 16, les avis des Officiers de la Marine qu'on y a joints , & le Protêt du 17 , pour se convaincre que cet acte, nul quant à la forme & quant au fond , détruit par le retour & le séjour du Comte d'Aché sous Pondichery, & par l'arrangement subséquent , ne pouvoit jamais avoir d'effet contre le Comte d'Aché, qui étoit à l'abri de tout , en se conformant à l'arrêté du Conseil de Marine.

Mais le Comte de Lally se contredit lui-même , en voulant faire valoir cet acte contre le Comte d'Aché. Le Comte de Lally dit par-tout que le Comte d'Aché a toujours été défait. Les instructions du Comte d'Aché, indiquoient en cas de défaite, l'Isle de France pour retraite. Il ne faut que les lire pour s'en convaincre. Même dans le cas d'un désavantage, le Comte d'Aché devoit y aller chercher un asyle.

K

Suivant le Comte de Lally, le Comte d'Aché venoit d'être défait complettement dans ce dernier combat. Il avoit les instructions du Comte d'Aché ; dans son système, il ne devoit pas s'opposer à son départ pour l'Iſle de France ; c'étoit s'oppoſer à ce qui étoit preſcrit à ce Chef d'Eſcadre par le Roi, & recommandé par la Compagnie. L'acte qu'il veut faire valoir ſeroit donc contre lui-même, ou s'il veut en faire uſage, il faut donc qu'il commence par dire que le Comte d'Aché n'avoit pas été battu, que l'Eſcadre étoit en état de tenir la mer. Ce ſeroit contredire non-ſeulement ce qu'il a dit, mais encore tout le ſystême de ſa défenſe, qui ne porte que ſur les défaites du Comte d'Aché. Il eſt aiſé de juger à préſent des égards & de l'attention que mérite ce prétendu Protêt national ?

Quelque choſe que le Comte de Lally puiſſe dire, quelque Mémoire qu'il puiſſe donner, le Comte d'Aché ſe propoſe de n'y plus répondre. Ce Chef d'Eſcadre ſe flatte d'avoir mis en état de prononcer ſur tout ce que le Comte de Lally voudroit ajouter à ſa défenſe.

PIÈCE JUSTIFICATIVE.

MONSIEUR,

ON essaya hier bien vainement de vous faire passer la nouvelle de la reddition du Fort Saint-David. M. de Verdiere ne
put jamais passer la Sarre, & il échoua plus de dix fois avec sa
Shellingue. La Garnison a demandé hier, à onze heures du
matin, à capituler. Enfin on est tombé d'accord des Articles qui
n'ont pas été d'une pénible discussion, puisque la Garnison est
prisonniere de guerre. On nous rend nos prisonniers de Triche-
napali, & les Officiers restent en ôtages jusqu'à leur délivrance.
Je me hâte de vous donner ces bonnes nouvelles, & je vous
supplie d'être persuadé du dévouement respectueux avec lequel
j'ai l'honneur d'être,

MONSIEUR,

Votre très-humble &
très-obéissant serviteur,
MAUDAVE.

A Goudelour, ce samedi 3 Juin,
  à cinq heures du matin.

A PARIS. De l'Imprimerie de SIMON. 1766.